A SALA DE AULA

E SEUS SÍMBOLOS

Dados Internacionais de Catalogação na Publicação (CIP)
(Câmara Brasileira do Livro, SP, Brasil)

Furlanetto, Ecleide Cunico
 A sala de aula e seus símbolos / Ecleide Cunico
Furlanetto ; coordenação Diamantino Fernandes
Trindade. — São Paulo : Ícone, 2006. —
(Coleção conhecimento e vida)

 Bibliografia.
 ISBN 85-274-0901-1
 ISBN 978-85-274-0901-8

 1. Aprendizagem 2. Educação de crianças
3. Educação - Filosofia 4. Ensino 5. Pedagogia
6. Sala de aula - Direção I. Trindade, Diamantino
Fernandes. II. Título. III. Série.

06-7106   CDD-371.102

Índices para catálogo sistemático:

1. Sala de aula : Simbologia : Educação
     371.102

Ecleide Cunico Furlanetto

A SALA DE AULA
E SEUS SÍMBOLOS

**Coleção
Conhecimento e Vida**

Coordenação
Diamantino Fernandes Trindade

Ícone
editora

© Copyright 2006.
Ícone Editora Ltda.

Coleção Conhecimento e Vida

Coordenação
Diamantino Fernandes Trindade

Diagramação
Meliane Moraes

Revisão
Rosa Maria Cury Cardoso

Proibida a reprodução total ou parcial desta obra,
de qualquer forma ou meio eletrônico, mecânico,
inclusive através de processos xerográficos,
sem permissão expressa do editor
(Lei nº 9.610/98).

Todos os direitos reservados pela
ÍCONE EDITORA LTDA.
Rua Anhanguera, 56 – Barra Funda
CEP 01135-000 – São Paulo – SP
Tel./Fax.: (11) 3392-7771
www.iconeeditora.com.br
e-mail: iconevendas@yahoo.com.br

Agradeço

Aos professores que, generosamente, abriram suas salas de aula.

Aos meus alunos que me possibilitam viver a aventura de ensinar e aprender.

Dedico

Aos meus pais Fanny e Edhmar que me ensinaram a trilhar meu próprio caminho.

Às minhas filhas Renata e Paula que revitalizam, a todo momento, meu existir.

Ao meu companheiro Reinaldo, com quem aprendo a amar, cuidar e compartilhar.

Sobre a Autora

- Doutora em Educação pela PUC-SP
- Psicopedagoga pela Escola de Psicopedagogia de Buenos Aires - Argentina
- Mestre em Psicologia da Educação pela PUC-SP Pedagoga pela PUC -SP
- Professora do Programa de Mestrado em Educação da Universidade Cidade de São Paulo
- Exerceu a função de Coordenadora Pedagógica no Colégio Galileu Galilei e na Escola Lourenço Castanho.

Sumário

Prefácio, 11

Apresentação, 15

1. Como tudo começou, 19

2. Um mergulho na psicologia analítica, 25

3. As manifestações dos padrões de consciência em sala de aula, 45

4. A dança arquetípica: em busca de símbolos matriarcais, 61

5. O dinamismo patriarcal compondo a dança arquetípica, 79

6. O dinamismo de alteridade: o encontro que pode mudar o ritmo da dança, 107

7. O quarto fio: o dinamismo cósmico, 135

8. Refletindo sobre o percurso, 139

Referências bibliográficas, 145

Prefácio

Ler este livro é um convite para revisitar trajetórias e experiências construídas nos encontros pedagógicos, embalado pelas análises propostas por Ecleide Furlanetto ao olhar o singular espaço da sala de aula: lugar de múltiplas dimensões, somente possível nas interações entre professores e alunos, com suas inúmeras marcas em nossas memórias e práticas educativas.

No momento em que vivemos embates, desafios e dilemas na (re) construção de processos formativos que tenham significado e representam possibilidades efetivas de aprendizagem, acompanhar as reflexões propostas neste livro reveste-se de uma fecunda incursão nos valores, pressupostos e teorias que têm atravessado e constituído a vida nas salas de aula, em seus ritmos, tons e cores.

Mas esta incursão é, também, um movimento de explicitar para si e para o outro as direções assumidas, buscando apreender dimensões fundamentais nas experiências que configuram o processo ensino-aprendizagem em sua provisoriedade, complexidade e diversidade. Retornamos com Ecleide às vivências escolares, elaborando apropriações e atribuindo novos significados ao pensado e ao vivido nas escolas.

Ao ter na Psicologia Analítica uma bússola central para olhar e compreender a sala de aula, o texto vai nos conduzindo para águas nem sempre tranqüilas, mas que vão nos lançando em novos patamares de entendimento, anunciando um navegar que descortina horizontes, desvela rotas e itinerários.

O simbólico, os arquétipos, os dinamismos matriarcal e patriarcal, as relações entre professoras e crianças, o projeto de alteridade de nossas instituições escolares, os laços cósmicos: conceitos, teorias e incursões na prática cotidiana do ensinar e do aprender. Todos constituintes dos mares educacionais, todos *elementos* de uma síntese única que se expressa e materializa na sala de aula.

Ecleide nos afirma *"olhando para o caminho, percebo que existe um fio condutor: participar dos movimentos tecidos pela escola no sentido de se transformar num verdadeiro espaço de Aprendizagem"*. Estas palavras ecoam e nos mobilizam para (re) conhecer os trajetos que temos percorrido, buscando os sentidos e as perspectivas de uma escola que se pretende liberta-dora, solidária e fraterna.

Assim, temos em nossas mãos um texto que pulsa vida e compromisso com a educação. Um texto que envolve o leitor em seus fios delicados e complexos, parecendo compor um tecido que entrelaça e cria vínculos. Um texto que ao propor *mergulho na sala de aula* representa pontos de partida para novas viagens. Um texto que revela a sua autora – professora e pesquisadora que tem habitado de maneira tão especial esse espaço chamado sala de aula.

Escrever, como já nos dizia Clarice Lispector, resulta sempre numa tentativa de abrir interlocuções, de expor idéias e alimentar o debate e o estudo. Que possamos nos encharcar das idéias, projetos e perspectivas presentes neste livro - *A SALA DE AULA E SEUS SÍMBOLOS* – que é também um momento de diálogo, de aprendizagem e de encontro com o outro e consigo mesmo.

Profa. Dra. Sylvia Helena Batista
Universidade Federal de São Paulo (UNIFESP)

Apresentação

Escrever um livro é sempre para mim uma confrontação com o destino. Existe no ato da criação alguma coisa de imprevisível que é de antemão impossível fixar nem prever.

Jung

Este livro nasceu de uma releitura de minha dissertação de mestrado, defendida no final da década de 80. Após defendê-la, retornei novamente à escola, afastando-me, temporariamente, da vida acadêmica. Como todos que trabalham em escolas de Ensino Fundamental sabem, o cotidiano nos arrebata, colocando-nos frente a desafios que nos tomam o tempo de escrever e também de cuidar de nossos escritos.

Esta situação me incomodava, pois aqueles que estão na escola e, portanto, sentem seu pulsar diário, não encontram oportunidade para registrar suas angústias, seus achados e as maneiras como lidam com os dilemas e as questões do cotidiano. Suas vozes soam muito baixo, algumas vezes são captadas por pesquisadores que procuram relatar o que ouvem e observam, mas, talvez, não exprimam os sentidos que aqueles que estão com "a mão na massa" imprimem às suas vivências. Parte dessa preciosa experiência cai no esquecimento, perdendo-se, dessa forma, um material valioso que poderia contribuir para uma maior compreensão da vida que pulsa nos espaços escolares.

Atualmente, após vinte anos de trabalho em escolas de Ensino Fundamental, já não me encontro mais na linha de frente. Ainda mantenho um contato constante com elas, pela participação em projetos de pesquisa e de desenvolvimento docente. Só agora, encontro o tempo tão aguardado para reler minha dissertação de mestrado e transformá-la num livro. Ao iniciar este processo, fui me surpreendendo com a atualidade do tema, mas, também, desafiada a aprofundar alguns pontos e clarear outros que na ocasião não pude abordar.

Ainda guardo os registros das observações realizadas em salas de aula para coletar os dados da pesquisa. Ao me propor a escrever este livro, reli-as em busca de um reencontro com a sala de aula. Ao viver esta experiência, senti-me, novamente andando pelos corredores da escola, ouvindo as risadas e brincadeiras das crianças, lembrei das professoras, de seus jeitos de tecer a prática pedagógica e fui tomada de uma grande emoção, era como se uma pequena parte de meu passado tivesse ficado guardada e esquecida e de repente pudesse ser, novamente, acessada.

Senti-me como uma irmã mais velha que acolhe os escritos de uma mais jovem e pode estabelecer um diálogo carinhoso com ela. Dois tempos de uma vida entraram em confluência, viver esta aventura transformou-se em uma nova experiência de aprendizagem que desejo compartilhar com quem também se interessa pelas questões da Educação.

1. Como tudo começou

E também: escrever
Perguntando.
Ensaiar
as próprias palavras
perguntando-lhes.
Perguntando-se nelas
e diante delas.
Tratando de fazer pulsar
as perguntas que latejam
em seu interior mais vivo.
Ou em seu fora mais impossível.

Jorge Larrosa

Quem estava na escola na década de 80, sentia que novos ares estavam soprando. Uma força criativa brotava nos educadores que se disponibilizavam a revitalizar os espaços pedagógicos. O construtivismo estava sendo introduzido no Brasil. Pautados, principalmente, nas idéias de Piaget que desvelava a relação entre o sujeito e o objeto e descrevia os processos de *Assimilação* e *Acomodação*, em Ausubel que anunciava os princípios de uma *Aprendizagem Significativa* e em Vygotsky que assinalava a importância da *Mediação* e da *Zona de Desenvolvimento Proximal*, acreditávamos ser possível construir uma nova escola.

Esses autores nos possibilitaram aprofundar a compreensão dos processos de aprendizagem, mas cabia a nós educadores construir as pontes com a prática pedagógica. Eu me perguntava: porque esses teóricos nos fascinam tanto? Parecia existir um apelo que não vinha só do exterior, algo que brotava de dentro de nós e constelava-se em nossas consciências. Sentíamo-nos instigados a buscar interlocutores que nos fornecessem ferramentas para materializar nossos anseios. Sonhávamos com uma escola diferente da que tínhamos freqüentado. Queríamos ver alunos felizes aprendendo com prazer, gostando de ler escrever e de fazer novas descobertas. A escola carrancuda da fila, da cópia, do silêncio não nos servia mais.

Esses autores nos possibilitavam ensaiar respostas, mas algumas dimensões dos processos pedagógicos não podiam ser exploradas a partir de suas teorias. Existiam regiões que demandavam outros instrumentos teóricos. Disto decorreu a constatação de que seria necessário buscar novos referenciais teóricos para ampliar a nossa compreensão da sala de aula. Que estes, como os anteriores, não nos propiciariam a compreensão da totalidade do ato pedagógico, mas talvez nos permitissem olhá-lo por outros ângulos. E a partir do acréscimo de outras óticas o ato educativo se revelasse de maneira mais inteira.

Na década de 80 foram organizados grupos de estudos na Sociedade de Psicologia Analítica para educadores. Nesses grupos, alguns que já tinham tido contato com a Psicologia Analítica e outros que buscavam conhecê-la reuniam-se semanalmente para, a partir de leituras e vivências, aprofundarem o conhecimento das obras de Jung, Byington e Newman, entre outros autores. Essas novas aprendizagens nos fascinaram. Pareciam nomear o que estávamos vivendo, potencializavam nossos desejos de mudanças. Sentíamos que estávamos descobrindo novas ferramentas teóricas que poderiam nos auxiliar no percurso que estávamos fazendo.

Nossos estudos nos possibilitaram ampliar a concepção de sujeito que até agora referendava nossa prática pedagógica. Deparamo-nos, inicialmente, com uma visão de consciência ampliada a partir da descrição feita por Jung das funções da consciência: pensamento, sentimento, sensação e intuição (Jung, 1981).

Começamos a ter como nomear as diferenças que percebíamos existir na escola, mas, frente as quais, sentíamo-nos confusos sem saber como agir. Ficou mais fácil aceitar aquele menino que parecia viver no "mundo da lua", talvez não tivesse um grande problema, mas possuísse uma função intuitiva muito desenvolvida que permitia a ele penetrar com facilidade no mundo da fantasia. Tornou-se possível compreender aquela menina que cuidava das relações sociais na classe, sabia o dia do aniversário dos colegas e fazia desenhos para dar de presente, mas sentia-se confusa frente a um problema de matemática. Talvez para ela fosse mais fácil usar a função sentimento do que a função pensamento. Não só nos abrimos para esta compreensão, bem como para pensar em novas maneiras de organizar a prática pedagógica, de forma a privilegiar as diversas funções da consciência que eram, freqüentemente, subestimadas na escola.

Percebemos que a escola poderia, além de desenvolver a função pensamento e a sensação, ocupar-se também de outras dimensões psíquicas menos valorizadas pela Ciência Moderna como a intuição e o sentimento. Introduzir estas dimensões na escola não significava desconsiderar as outras, mas fertilizá-las. Descobrimos, por exemplo, que a história de São Paulo seria melhor compreendida, pelos alunos da 3ª. série do Ensino Fundamental se, além de buscarmos informações contidas nos livros, entrevistássemos as avós num chá que organizávamos na escola. Elas podiam dar depoimentos emocionados a respeito de suas infâncias vividas numa São Paulo de outros tempos. Estes conhecimentos envolvidos em afetos eram sorvidos pelos alunos que ficavam embebidos de novas informações e disponíveis para irem em busca de outras que requeressem maior esforço e empenho.

As nossas descobertas não terminavam por aí. Fomos introduzidas também no mundo do inconsciente pessoal e coletivo e dos arquétipos. Aprofundando-nos no pensamento de Byington (1983a) e percebemos existir padrões de consciência que podem estruturar-se a partir desses arquétipos e começamos a intuir que estávamos sendo instigadas, talvez, pelo arquétipo da Alteridade a abandonar as práticas patriarcais de ensino e recriar a escola num outro patamar de consciência. O desejo de mudar a escola talvez nos remetesse a pensar na possibilidade de existir uma escola mais democrática na qual os encontros entre alunos, professores e conhecimento pudessem ser vividos de maneira criativa e não defensiva.

Eram épocas de sonhos, entusiasmo e desejo de mudança. Hoje percebo que participamos de um momento mágico em Educação. Inventamos muito, aprendemos mais ainda e principalmente ensaiamos algumas mudanças nos espaços pedagógicos. Todas estas descobertas estimularam-me a aproveitar a oportunidade de estar fazendo mestrado para aprofundar meus conhecimentos e articulá-los com o meu cotidiano de coordenadora pedagógica das séries iniciais do Ensino Fundamental.

Assumi como objetivo de pesquisa: *compreender como os dinamismos arquetípicos manifestavam-se nos espaços escolares.* Estava me aproximando de uma teoria nova que me parecia capaz de iluminar regiões pouco exploradas da escola e queria experimentar as novas ferramentas teóricas que estava descobrindo. Realizar esta pesquisa transformou-se numa oportunidade de jogar com os novos conhecimentos, desorganizá-los e reorganizá-los em outro patamar a partir de sua interação com a realidade.

2. Um mergulho na psicologia analítica

Todos os meus escritos são, de certa forma, tarefas que me foram impostas de dentro.
Nasceram sob a pressão de um destino.
O que escrevi brotou de minha interioridade.
Cedi a palavra ao espírito que me agitava.
Nunca pensei que minha obra tivesse uma forte ressonância.
Ela representava uma compensação frente ao mundo contemporâneo em que vivo e eu precisava dizer o que ninguém quer ouvir.

Jung

Para traçar o caminho de pesquisa, foi necessário desvelar a rede conceitual que estrutura a Psicologia Analítica e selecionar nessa teia teórica os conceitos que poderiam favorecer a leitura da escola.

As pesquisas iniciais permitiram-me saber que a Psicologia Analítica é uma teoria estruturada, inicialmente, por Carl Gustav Jung, médico psiquiatra suíço que desenvolveu a maior parte de seu trabalho na primeira metade do séc. XX, em Zurique, na Suíça.

Jung estudou a psique e seus dinamismos e os descreveu em diversas obras de grande importância, como: *Fundamentos da Psicologia Analítica, O Desenvolvimento da Personalidade, A Natureza da Psique, A Energia Psíquica, O Eu e o Inconsciente, Tipos Psicológicos, Sincronicidade* e outras.

Nestas obras, ele foi tecendo uma rede conceitual que deu sustentação a sua teoria. Preocupou-se mais em estudar os indivíduos adultos, deu acentuada ênfase ao que ele descreveu como Processo de Individuação, um movimento que acontece na segunda metade da vida e implica um caminho para si que permite ampliar o conhecimento a respeito dos trajetos existenciais com base em um contato mais profundo com o inconsciente. Esse processo conduz a uma construção mais sólida de identidade que reverte em um compromisso com o social, na medida em que o indivíduo é capaz de situar-se com mais consciência nos processos da comunidade.

A vivência deste processo pode ser encontrada na expressão de poetas que falam da necessidade de uma busca que nos põe a caminho de nossa alma. Fernando Pessoa, em Eros e Psique, fala deste processo.

Conta a lenda que dormia
Uma princesa encantada
A quem só despertaria
Um infante, que viria
De além do muro da estrada.

Ele tinha que, tentado,
Vencer o mal e o bem,
Antes que, já libertado,
Deixasse o caminho errado
Porque à princesa vem.

A princesa adormecida
Se espera, dormindo espera.
Sonha em morte a sua vida,
E orna-lhe a fronte esquecida,
Verde, uma grinalda de hera.

Longe o infante, esforçado,
Sem saber que intuito tem,
Rompe o caminho fadado.
Ele dela ignorado.
Ela para ele é ninguém.

Mas cada um cumpre o Destino
Ela dormindo encantada,
Ele buscando-a sem tino
Pelo processo divino
Que faz existir a estrada.

E, se bem que seja obscuro
Tudo pela estrada fora,
E falso, ele vem seguro,
E vencendo estrada e muro,
Chega onde em sono ela mora.

E, inda tonto do que houvera,
À cabeça, em maresia,
Ergue a mão, e encontra a hera,
E vê que ele mesmo era
A princesa que dormia.

Observando ao nosso redor, deparamo-nos com indivíduos tecendo esses movimentos. Há algum tempo, conversava com uma pessoa que me dizia: "Levei muito tempo fazendo o que precisava, convivendo com quem era necessário, sem refletir muito sobre o que realmente gostava, sobre o que era fundamentalmente importante para mim. Agora, neste ponto da minha vida, dou-me o direito de escolher o que quero fazer, com quem quero conviver. Estou mudando!". Outros vivem momentos não tão claros, sentem que a vida anterior vai se derretendo e percebendo-se, momentaneamente "sem chão", urge construir uma nova vida, reorganizada em outros patamares e consciência. Essa preocupação de Jung com a vida adulta faz com que atualmente no séc. XXI, ele seja considerado um dos precursores dos estudos a respeito do desenvolvimento dos adultos.

O ponto do qual Jung partiu para suas concepções consistiu em admitir a realidade de tudo que é psíquico. Os sonhos, as fantasias e a imaginação, para ele eram reais. Percebeu que a psique não pode ser totalmente diferente da matéria; nem a matéria pode ser distante da psique, pois ela produz a psique. Pensando desta maneira, aproxima estas duas polaridades. Ele põe em contato o corpo e a alma e assume que eles coexistem compartilhando um do outro. Capra nos diz que:

> A teoria freudiana da mente baseava-se no conceito do organismo humano como uma complexa máquina biológica. Os processos psicológicos estavam profundamente enraizados na fisiologia e na bioquímica do corpo, Jung, em contrapartida, não estava tão interessado em explicar os fenômenos psicológicos em termos de mecanismos específicos, antes tentou compreender a psique em sua totalidade, especialmente suas relações com o meio ambiente mais vasto (Capra, 1986, p.352).

Entender a psique inserida no todo não é uma tarefa fácil, pois para isso precisamos abandonar as nossas formas dissociadas e redutivistas de pensar e nos abrir para outras modalidades de pensamento e de saber que assumem a complexidade psíquica, buscando compreendê-la articulada à natureza e à cultura. Nesta busca de ampliação, nos encontramos com as dimensões simbólicas capazes de nos remeter a outros níveis de realidade e ao não dito.

Freud revelou a existência do inconsciente pessoal e transformou a psicologia dinâmica moderna. Jung foi mais além - constatou a existência do inconsciente coletivo, e ampliou novamente a Psicologia, na percepção de que existia uma parte do inconsciente que não era pessoal, mas coletiva. Isto, no convívio com povos primitivos (África e América), no trato com seus pacientes, através dos sonhos, das fantasias dos que viviam momentos desestruturados e também através de imaginações ativas - mergulhos voluntários no inconsciente que lhe traziam imagens, idéias, emoções, também registradas em mitos antigos, contos de fada ou qualquer tipo de obra que retrate a psique coletiva.

Ele foi percebendo as diversas "coincidências" nessas manifestações e deduziu que em nosso inconsciente devíamos ter algum registro de vivências importantes da humanidade. Eles foram descritos, por Jung, como imagens universais presentes na psique desde os tempos mais remotos. Eles correspondem ao patrimônio das fantasias inconscientes e das formas predominantes. Podem ser comparados a sementes que existem no nosso inconsciente e que em determinados momentos da vida, começam a se atualizar e se mostram através de símbolos que originam os grandes mitos, contos e sonhos. Campbell, posteriormente, ao estudar os mitos, também se deparou com imagens que parecem se repetir e reaparecer em diversas culturas:

> As formas míticas, diríamos, podem ser consideradas como que indicando mistérios de significação universal além de seu sentido, ou como funções mera-mente de idiossincrasias étnicas locais ou até mesmo pessoais...

> ...os universais jamais são experimentados num estado puro, abstraídos de suas aplicações étnicas localmente condicionadas. A verdade é que sua fascinação reside em suas metamorfoses infinitamente variáveis (Campbell, 1994, p.23).

Essas formas míticas para se apresentar necessitam ser projetados em objetos, idéias que ao receberem esta energia transformam-se em símbolos. Podemos dizer que os símbolos estão sempre presentes, tudo pode tornar-se símbolo, dependendo , para isso de nossa capacidade de simbolização.

Eles se apresentam à consciência e exprimem, embora indiretamente, em linguagem cifrada, algo guardado em regiões mais profundas, pondo em evidência aspectos dos processos de desenvolvimento psíquico articulado ao mundo dos arquétipos que habitam o inconsciente coletivo.

O termo deriva do grego symbállo, "coloco junto". Na Grécia antiga era comum o uso de cortar em duas partes uma moeda, um anel ou um outro objeto qualquer e dar a metade a um amigo ou a um hóspede. Conservadas por uma e outra gerações, tais metades permitiam aos descendentes das duas reconhecer-se. Nesta primitiva função prática, o termo designava, portanto duas metades de um objeto , e desse modo cada uma se tornava sinal de reconhecimento para a outra (Pieri, 2000, p. 458).

O conceito de símbolo nos remete a imagem de partes separadas, mas destinadas a se encontrar. Na Psicologia Analítica o símbolo assume uma função mediadora e, também, uma função reveladora. A manifestação dos símbolos põe em evidência os movimentos da vida psíquica e provoca um alargamento da consciência.

Jung fez referência a alguns arquétipos: o da Grande-Mãe que se encontra representado nas figuras das deusas da antiguidade bem como na figura materna capaz de gerar um filho; ao arquétipo do Pai que também pode ser reconhecido nas imagens dos deuses poderosos.

Também descreveu os Arquétipos da Ânima e do Ânimus. O primeiro apresenta- se como uma imagem coletiva de mulher que está presente no inconsciente do homem e que possibilita a ele o contato com a natureza feminina. Ela se traduz em uma herança do passado cultural, o que faz com que a mulher seja apreendida como um fenômeno universal uma representação muito antiga e inconsciente da experiência que o homem tem de mulher. O Ânimus é na mulher a contrapartida da Ânima do homem. Estes dois termos introduzidos por Jung apontam para uma tentativa de fazer uma distinção entre a psicologia masculina e feminina.

Consultando sua obra, constatamos que ele descreve outras estruturas que também representam papel importante na estruturação de sua teoria. Uma delas se refere à Sombra, descrita como a parte obscura da psique o lado avesso da personalidade, na medida em que ela contém o que ficou no escuro, o que não pode ser acolhido pela consciência. Todo indivíduo possui uma sombra composta do negado, do primitivo e do infantil, que tanto pode assumir características negativas, como pode possibilitar contato com a criatividade perdida. A Persona constitui-se em uma outra função descrita por Jung. Este termo remete a uma máscara que os gregos usavam no teatro para ajudar o ator a assumir o personagem que representava. Na Psicologia Analítica, esta estrutura psíquica refere-se a uma imagem do eu que o indivíduo apresenta socialmente, ela permita a adaptação social, mas também pode se transformar em uma máscara que esconde e camufla o eu verdadeiro.

Jung e a Educação

Apesar de Jung ter dedicado grande parte de sua vida ao estudo da psique e suas transformações, não discorreu com freqüência sobre o papel da educação escolar na vida dos indivíduos.

No entanto, no seu livro "O Desenvolvimento da Personalidade", há dois capítulos, intitulados "A importância da Psicologia Analítica para a Educação" e "A importância do Inconsciente para a educação individual", nos quais ele expõe algumas de suas idéias a respeito de Educação.

O primeiro trata-se de uma conferência pronunciada no Congresso Internacional para Educação, em Terriet Montreau, no ano de 1923. Neste capítulo, Jung aborda a importância dos professores possuírem um conhecimento psíquico aprofundado que não deve ser transmitido às crianças, mas sim servir de instrumento para o trabalho efetuado com elas.

Para ele, a escola é uma instituição que contribui para o desenvolvimento da criança e de sua consciência. O aluno estabelece relações com sujeitos que não fazem parte de seu grupo familiar e é estimulado a enfrentar novos desafios e a interagir com conteúdos novos. Acredita que se não houvesse escolas, as crianças continuariam num grau de inconsciência muito maior, começariam a vida num estado de cultura consideravelmente inferior.

A tarefa do professor ultrapassa o trabalho de transmissão do conhecimento, ele, sabendo ou não, contribui para a formação total da psique infantil. A escola coopera para que a criança perceba que ela está destinada ao mundo e não só a ser filha de seus pais. Abre possibilidades para que surjam novas possibilidades de identificação. Segundo Jung:

> Como personalidade, tem, pois o professor tarefa difícil, porque se não deve exercer a autoridade de modo que subjugue, também precisa apresentar justamente aquela dose de autoridade que compete à pessoa adulta e entendida perante a criança. Tal atitude não pode ser obtida artificialmente, mesmo com boa vontade, mas somente se realiza de modo natural à medida que o professor procura simplesmente cumprir seu dever como homem e cidadão. É preciso que ele mesmo seja uma pessoa correta e sadia (Jung, 1983a, p.60).

Já no início do século, Jung abre novos espaços no que se refere à formação de professores. Ele visualiza processos formativos que ultrapassem as dimensões da racionalidade técnica, pressupõe que o professor exerce o papel de modelo e, para isso, além dos conhecimentos de suas disciplinas, necessita desenvolver-se como um cidadão maduro capaz de ocupar seu lugar na sociedade. Trabalhar com o conhecimento é uma das funções da escola, mas cabe a ela, também, contribuir para com a educação psíquica, que se inicia no ambiente familiar, mas é largamente ampliada pela escola que introduz a criança num mundo mais amplo.

Para Jung, existe uma profunda integração entre o psiquismo da criança e o da família e torna-se importante lutar por uma independência psíquica do grupo familiar, para ocorrer o crescimento individual. A criança traz de casa os modelos de comportamento familiares, a partir deles, procura relacionar-se com o professor. Cada encontro configura-se como um reencontro, na medida em que o aluno põe em jogo suas experiências de relacionamento. Cabe ao professor proporcionar o acesso da criança à sua maneira de pensar e de compartilhar para que ela possa experimentar outras formas de se relacionar. Os professores possibilitam aos alunos experimentar novas maneiras de estar no mundo de encontrar-se com os adultos, com os companheiros e também com o conhecimento. A escola tem como grande finalidade contribuir para a formação de adultos de verdade, a transmissão de conhecimentos é somente parte desse processo. Segundo Jung:

> O que importa não é o grau de conhecimento com que a criança termina a escola, mas se a escola conseguiu ou não libertar o jovem ser humano de sua identidade com a família e torná-lo consciente de si próprio. Sem esta consciência de si mesmo, a pessoa jamais saberá o que deseja de verdade, mas continuará sempre na dependência da família e apenas procurará imitar os outros (Jung, 1983a, p.60).

Para ele ninguém, mesmo adulto, está com sua educação terminada. O processo educativo é algo que perdura por toda a vida. Os adultos são solicitados pela vida a viver constante processos de educação, só que outros métodos tornam-se necessários, pois o adulto não mais possui a plasticidade da psique infantil. Ao adulto cabe fornecer os conhecimentos que lhe possibilitem educar-se a si próprio. O educador não deve contentar-se em ser um transmissor de cultura, mas sim se transformar em um produtor de cultura, e isto acontece a partir da educação de si próprio.

No capítulo "A importância do inconsciente para a educação individual", também uma conferência proferida no Congresso Internacional de Educação, em Heidelberg (1925), Jung aborda o processo de desenvolvimento da criança:

Se considerarmos agora o fato de que a criança se desenvolve lentamente do estado inconsciente para o estado consciente, compreenderemos também que certamente a maioria das influências do ambiente, pelo menos as mais elementares e profundas dentre elas, são inconscientes. As primeiras impressões recebidas na vida são as mais fortes e as mais ricas em conseqüências, mesmo sendo inconscientes, e talvez justamente porque jamais se tornaram conscientes, ficando assim inal teradas. Apenas na consciência algo pode ser corrigido. O que é inconsciente permanece inalte rado. Se quizermos provocar alguma alteração, precisamos passar para a consciência os fatos in conscientes, a fim de submetê-los a uma revisão (Jung, 1983a, p.158).

Jung distingue três espécies de educação:

A primeira, "A Educação pelo Exemplo". Aquela que ocorre espontaneamente e de modo inconsciente. É a forma mais antiga e por isso talvez a mais eficaz. Ela acontece a partir da identificação da criança com os pais, ou com adultos significativos e acontece a partir de processos, na maioria das vezes, inconscientes. Os discursos exuberantes dos adultos são ineficazes e até contraproducentes acionando muitas vezes defesas ao invés de provocar crescimento e mudanças de comportamento. As crianças estão muito próximas da psique de seus pais. As tentativas dos pais escamotearem seus conflitos mais íntimos não surtem o efeito desejado, pois existem outros níveis de comunicação que percorrem caminhos inconscientes que possibilitam o acesso dos filhos ao mundo psíquico dos pais, aos seus complexos e conteúdos reprimidos.

Os professores também educam pelo exemplo. As crianças penetram no mundo psíquico de educador e segundo Jung possuem um faro desenvolvido para perceber as dificuldades dos mestres. Para que os adultos possam participar criativamente dos processos de desenvolvimento das crianças eles não necessitam ser perfeitos, pois isto os transformaria em exemplos muito difíceis de serem seguidos, provocando nas crianças sentimentos de inferioridade. Um professor que ocupa o lugar de detentor do saber e habita o mundo das certezas, ao invés de transmitir seus conhecimentos, pode inibir o aluno que se sente acuado e diminuído frente a uma figura, aparentemente, tão forte. A contribuição deles passa pela coragem de não fugir de seus conflitos aceitando as tarefas impostas pelo seu próprio desenvolvimento.

A segunda, denominada "A Educação Coletiva Consciente", é a Educação baseada em regras, princípios e métodos de natureza coletiva. Essa educação referenda-se em processos de socialização que possibilitam que alguém se torne parte da sociedade, produz a semelhança com outros indivíduos. Tal educação é indispensável, pois vivemos numa coletividade humana. Precisamos de normas da mesma maneira que necessitamos de uma linguagem comum. Se for estruturante, essa educação colherá bons resultados, pois permitirá ao indivíduo o convívio social. Mas se forem ultrapassados os limites da uniformidade, surgirá um indivíduo acomodado a regras e princípios, e ao mesmo tempo um indivíduo inseguro, distante de sua individualidade.

O terceiro tipo de educação, Jung denominou de "Educação Individual". Nesse tipo e educação, normas, regras e princípios não são vistas como leis, mas em elementos que contribuem para o desenvolvimento e a singularidade dos indivíduos. Nise da Silveira referindo-se a esse tipo de educação diz:

> O educador precisará encontrar o caminho que o levará a compreender seu aluno...

Não se poderá falar em educação individual sem que o mestre conheça a história das primeiras etapas do desenvolvimento psíquico do aluno e suas condições no seio da família. Pais e mestres estarão atentos para não sufocar os germes peculiares à personalidade que começam a repontar na infância e na juventude (Silveira, 1975, p.175).

Os movimentos tecidos pelo jovem na primeira metade da vida dizem respeito a uma busca de expansão da consciência. Para crescer, ele necessita travar batalhas no sentido de afastar-se da proteção familiar e lançar-se em aventuras no mundo exterior. Tem como tarefa principal estudar para se apropriar dos conteúdos considerados valiosos pela sua cultura. Também necessita entrar no mercado de trabalho, conquistar um lugar na sociedade e ser capaz de estabelecer relações afetivas criativas.

Na segunda metade da vida, poderá enfrentar outras tarefas que dizem respeito a uma maior compreensão de seus processos pessoais e de uma busca de sentido para a vida. Caso os processos educativos tenham sido vividos de maneira precária, entrará na segunda metade da vida despreparado para vivenciar os desafios que esse novo estágio propõe:

Veremos homens e mulheres temerosos ante os sinais precursores do envelhecimento procurando, a todo custo, transportar para além dos quarenta

/ anos as mesmas aspirações da fase da juventude. É muito provável que esses intensos esforços resultem do fato de que os objetivos da primeira fase da vida não tenham sido vividos em toda a sua plenitude e agora seja duro vê-los fugir para sempre (Silveira, 1975, p.17M6).

Como podemos observar, Jung amplia a concepção do que significa Educação. Ela não se reduz à apropriação dos conteúdos das disciplinas escolares, mas implica na vivência de relações com adultos que possibilitem um desenvolvimento sadio.

O processo de desenvolvimento pessoal e os arquétipos

Como já dissemos anteriormente, Jung dedicou-se mais ao estudo dos indivíduos adultos, mas alguns autores, que se dedicaram e se dedicam ao estudo da Psicologia Analítica, sentiram necessidade de compreender como se processava o desenvolvimento psíquico do indivíduo, desde sua concepção. Esses estudos se deram a partir das pesquisas de Erich Neumam, fundador da Escola de Psicologia Analítica de Israel e de Carlos Byington, um dos fundadores da Sociedade de Psicologia Analítica do Brasil. Para percorrer este caminho, eles pautaram-se na teoria dos arquétipos, com vistas a procurar compreender as relações entre o processo de desenvolvimento psíquico e a constelação de determinados arquétipos.

Jung (1983a) observou que, na segunda metade da vida, uma reaproximação com o inconsciente parecia se impor ao indivíduo. Um novo movimento denominado de Centroversão constelava-se no campo psíquico. O Self não mais o Ego parecia assumir o lugar central nos processos de desenvolvimento psíquico. O que Neumann, e Byington procuraram fazer foi ampliar o conceito de Processo de Individuação, incorporando a esse conceito os processos de desenvolvimento que acontecem na primeira metade da vida. Dessa forma, o Processo de Individuação consistiria em duas etapas: a primeira, pautada em uma discriminação do Ego do inconsciente e a segunda no reencontro do Ego com o Inconsciente.

Para esses autores, essas estruturas arquetípicas que coordenam o processo de desenvolvimento, não se constelam todas ao mesmo tempo, mas sim no decorrer da vida o que provoca o surgimento de padrões de consciência diferenciados que estruturam elaborações simbólicas também diferenciadas.

Para a Psicologia Analítica que admite a existência do inconsciente coletivo, o Ego, centro da consciência, forma-se a partir do inconsciente. Ele resulta de um enorme esforço do indivíduo, que se inicia logo no começo da vida, para produzir consciência, diferenciar-se do todo e configurar-se como um ser único.

O Ego aparece, segundo Neumann (1973), primeiramente de maneira insular, por breves espaços de tempo. Aos poucos, esses momentos de consciência vão se tornando mais duradouros e freqüentes, traduzindo a luta do Ego no sentido de distanciar-se da inconsciência. Observando o desenvolvimento dos bebês, constatamos os primeiros contatos que eles estabelecem com o mundo que os rodeia. No início, são fugazes, configurando-se com um olhar perplexo para a mão ou para algum objeto que se encontra pendurado no berço. Eles focam o olhar, mas, inicialmente, parecem não conseguir mantê-lo. Aos poucos, vão permanecendo, mais tempo acordados, mantendo uma atenção e uma interação mais constante com o que está ao redor. A primeira metade da vida caracteriza-se por essa tentativa do Ego de produzir uma consciência cada vez mais apurada e de adaptar-se ao mundo que o rodeia.

Byington, relata que o primeiro arquétipo a se constelar é o arquétipo central. Ele está presente em toda a estruturação do processo: organiza o desenvolvimento da personalidade, o surgimento do Ego, seu distanciamento do inconsciente na busca de sua individualidade. Ele assume uma função semelhante a do maestro que coordena a orquestra psíquica.

Neumam (1973), descreveu os primeiros estágios do desenvolvimento infantil "matriarcado" e "patriarcado". Byington (1983a), deu continuidade ao trabalho de Neumam descrevendo os estágios seguintes do desenvolvimento individual - "alteridade" e "cósmico".

Para Byington, a consciência individual e a coletiva desenvolvem-se a partir da elaboração de símbolos que penetram no plano consciente provocando tensões que ao serem vivenciadas e elaboradas provocam transformações, obrigando o Ego, normalmente conservador, a descobrir outras maneiras de contatar os conteúdos do mundo interno e externo. Essa elaboração simbólica pode acontecer com base em diferentes padrões arquetípicos de consciência: matriarcal, patriarcal, alteridade e cósmico que possibilitam ao ego transitar em níveis de realidade diversos.

Caso façamos uma leitura desses dinamismos a partir de um só padrão de consciência como por exemplo o patriarcal, tenderemos a considerar esses padrões lineares, sucessivos e excludentes, mas se nos abrirmos para olhá-los a partir de outros níveis de consciência, contaremos com mais recursos para compreendermos seus inúmeros movimentos que possibilitam ao sujeito traçar percursos de aproximação e de afastamento dos objetos no sentido de construir sentidos para suas experiências. Dessa forma, podemos perceber sinais dessa dança arquetípica que nos permite trânsitos em outros níveis de consciência.

3. As manifestações dos padrões de consciência em sala de aula

Ensinar e aprender são movidos pelo desejo e pela paixão.

Algumas vezes a chama do desejo pode estar baixa, quase apagando...

o educador necessita reviva-la com intervenções explícitas;outras, pelo contrário, necessita educar, limitar a força desorganizadora, destrutiva até, da chama...

Madalena Freire

Para entrar em contato com estas manifestações nos espaços de sala de aula, foi necessário traçar um caminho metodológico a ser utilizado. Trabalhava como coordenadora pedagógica das séries iniciais do Ensino fundamental, mais especificamente da 2ª, 3ª e 4ª séries. Esse era o meu universo de trabalho. Trabalhava com crianças que estavam completando seu processo de alfabetização e que, de posse de novos recursos de leitura, seriam introduzidas no mundo da cultura letrada e sistematizada. Queria investigar como os padrões de consciência, descritos por Byington: Matriarcal, Patriarcal e Alteridade, que serão explorados mais adiante, participavam da estruturação dos espaços pedagógicos e dos processos de aprendizagem.

Como disse anteriormente, o arquétipo da Alteridade parecia muito presente no movimento que fazíamos. Desejávamos uma escola que respeitasse o aluno que levasse em conta os seus conhecimentos e suas trajetórias. Queríamos criar condições para que os alunos pudessem participar da construção das normas que regeriam os espaços escolares, bem como participar ativamente dos processos de ensino e aprendizagem. Acreditávamos que todo o sujeito tem direito de construir sentidos pessoais para o acervo cultural que é apresentado a ele pela escola. Essas nossas crenças pareciam nos distanciar das escolas patriarcais. Levando em conta as descrições feitas por Neuman e Byington uma criança por volta de nove anos deveria estar vivenciando com mais intensidade o dinamismo patriarcal, como esta criança movia-se num ambiente tão embebido por princípios de alteridade?

Ao entrar em contato com o tema de pesquisa, percebi que não seria possível realizar esta investigação a partir de uma abordagem quantitativa, na medida em que esta poderia exercer um efeito reducionista ao trabalho, pois estaria em desacordo, com o caminho que pretendia traçar. Estava lançando mão de um referencial teórico que se propunha alargar as fronteiras da ciência considerada moderna, era importante pensar em novas maneiras de investigar que estivessem em acordo os pressupostos assumidos.

Adequado então seria lançar mão de outra abordagem: a qualitativa. Precisaria abrir mão do paradigma positivista-patriarcal que trabalha a partir do princípio da casualidade, buscando o fluxo linear entre as variáveis, e partir em busca de outra abordagem, que permitisse ver a escola de maneira mais ampla e sem perder a apreensão do seu dinamismo natural.

A Sincronicidade

Fui aos poucos sendo encaminhada pelo referencial teórico a aprofundar-me na compreensão do princípio da sincronicidade. Um modo de organizar os fatos que não se baseia na conexão casual e sim na probabilidade de que acontecimentos ocorram simultaneamente.

A exemplificação, apesar de simplificada, poderá nos aproximar desse princípio. Temos um fato: uma criança está com dificuldades na escola. Logo somos estimulados a procurar as causas. Buscamos as causas na própria criança, na sua família, na sociedade e acreditamos que ao encontrarmos as causas poderemos solucionar o problema. Podemos, no entanto, procurar entrar em contato com os acontecimentos de outra maneira: da sua ocorrência em conjunto. E, ao invés, de nos perguntarmos por que esta criança está tendo dificuldades na escola podemos iniciar nosso processo de compreensão nos perguntando para que ela apresenta dificuldades em aprender. Mudando a pergunta obteremos outras respostas que não mais nos remetem ao passado, mas nos localizam no tempo presente e nos projetam no futuro.

Os eventos, acima citados, passam a ser vistos não como causas e efeitos, mas com como acontecimentos agrupados em torno de um certo momento, em coexistência.

A sincronicidade foi amplamente discutida por Jung que escreveu um livro a esse respeito (Jung, 1984), no qual ele discute esse princípio de conexões acausais. Também Marie Louise Von Franz, analista junguiana e colaboradora de Jung, realizou conferências no Instituto C.G. Jung, de Zurique, em 1969, sobre o princípio da sincronicidade, que foram transcritas e organizadas num livro intitulado *Adivinhação e Sincronicidade*

Segundo Von Franz, os chineses já procuravam ver a realidade dessa maneira. Eles escreviam História coletando eventos coincidentes, os quais em conjunto forneciam um quadro transparente da situação arquetípica existente naquele tempo, e isso propiciava a idéia de um campo abrangente. Para mostrar como esse campo estava organizado, utilizavam o número.

> Os chineses nunca pensaram em quantidades, mas sempre em termos de emblemas qualitativos. Jung tê-los-ia chamado de "símbolos" e eu usarei esse termo, a fim de tornar as coisas mais claras para todos nós. Segundo os chineses, os números descrevem relações regulares de eventos e coisas exatamente como ocorre conosco. Com fórmulas algébricas tentamos descrever relações regulares. Como categoria, a causalidade é a idéia para descobrir tais relações e, também para os chineses, os números expressam as relações regulares das coisas - não em seu modo quantitativo, mas em sua hierarquia qualitativa, mediante a qual eles qualificam a ordenação concreta das coisas ... Até fins do século XIX a concepção chinesa do mundo era muito mais vigorosa e dinâmica do que a nossa, acreditando que tudo era energia e fluxo. Na realidade, pensamos hoje o mesmo que eles, mas chegamos a essa idéia muito mais tarde através de métodos científicos (Von Franz, 1985, p.13-14).

Como não poderia quantificar minha pesquisa, procurei uma abordagem que me permitisse ver a escola de maneira sincrônica, entrei em contato com a abordagem qualitativa. Segundo Ludke e André:

Cada vez mais se entende o fenômeno educacional como situado dentro de um contexto social, por sua vez inserido em uma história que sofre toda uma série de determinações. Um dos desafios atualmente lançado à pesquisa educacional é exatamente o de tentar captar essa realidade dinâmica e complexa do seu objeto de estudo em sua realização histórica.

O conceito de causalidade, que apontava para a busca de um fluxo linear entre variáveis independentes, também não responde mais à percepção do pesquisador atual, atento à complexidade da teia quase inextricável de variáveis que agem no campo educacional. Em vez da ação de uma variável independente, produzindo um efeito sobre uma variável dependente, o que ocorre em educação é, em geral, a múltipla ação de inúmeras variáveis agindo e interagindo ao mesmo tempo (Ludke e André, 1986, p.6).

Podemos perceber que a abordagem qualitativa procura uma forma de entrar em contato com a realidade e se aproxima da sincronicidade, isto é, através de eventos coincidentes ou emblemas qualitativos vistos em conjunto, procura fazer uma leitura do real.

O Símbolo

Percorrendo ainda meu caminho, mas agora mais voltada para o referencial teórico escolhido, visualizei a existência de um aspecto muito salientado na Psicologia que poderia auxiliar na coleta de dados e na interpretação dos mesmos. Esse aspecto é o simbólico.

A partir da percepção da importância do símbolo como estruturador e desvelador do real, passei a crer que poderia, através da apreensão de símbolos fazer uma leitura do seu processo de estruturação. Seria uma leitura simbólica que me permitiria ir além do aparente, me permitiria detectar qual o movimento vivido pela escola, naquele momento, e quais os arquétipos que estariam estruturando esse movimento. O símbolo pode apresentar-se como uma idéia, uma expressão, um comportamento que além de seu significado convencional aponte para outros sentidos não explícitos. Os símbolos apresentam-se como enigmas e indícios, que, ao ser decifrados, nos permitem penetrar em outros níveis de realidade que não se apresentam de forma literal.

O movimento e a polarização gerada pelos conteúdos conscientes e inconscientes que envolvem um símbolo produzem uma carga energética muito grande e cuja elaboração propicia uma ampliação da consciência que se traduz num processo de produção de conhecimento e de aprendizagem.

Uma nova maneira de produzir conhecimento pode se dar a partir da elaboração simbólica. Jung, na sua clínica, desenvolveu uma abordagem, denominada por ele de construtiva para elaborar símbolos. Ela consistia em acolher os sinais, os conteúdos que emergiam nos sonhos, no cotidiano dos pacientes e mesmo na relação analista, analisando como algo novo que merecia um cuidado especial. O primeiro cuidado implicava não reduzir o símbolo ao velho, isto é, lançar mão do já conhecido para atribuir sentido ao símbolo, mas abrir-se para o novo que ele poderia trazer. Os símbolos eram vistos por Jung (1964), como aquilo que não se sabe e aproximar-se deles provoca uma atitude de interrogação contínua. Um símbolo possibilita ficar por um tempo na brecha existente entre o saber e o não saber e ao viver esta experiência descobrir novas possibilidades.

Dispus-me, naquele momento a iniciar um caminho de pesquisa que venho desenvolvendo até hoje (Furlanetto, 2004a, 2004b, 2005ª, 2005b), partindo do pressuposto que os símbolos ao serem elaborados nos campos terapêuticos produzem um tipo de conhecimento que desloca e possibilita trânsitos entre patamares de consciência, vislumbrei a possibilidade de elaborar símbolos em outros espaços como o pedagógico e o investigativo.

Dirigi-me a sala de aula com um olhar simbólico, aquele capaz de perceber que a forma como a professora corrige uma lição de casa, a cor da caneta que ela usa, os verbos que ela utiliza revelam suas matrizes pedagógicas e as bases que as estruturam. O espaço que uma criança tem para tecer comentários e até mesmo discordar da professora e de como isso é acolhido por ela, revelam não somente, o processo de desenvolvimento da criança, mas o padrão de consciência que está instalado naquele grupo que pode ou não se apresentar receptivo à construção de individualidades e às manifestações das diferenças.

O Cenário

Isto constatado comecei a estruturar minha pesquisa. No início pensei em trabalhar em duas escolas, uma tradicional e outra dita renovada, liberal ou alternativa. É muito interessante retomar esta questão alguns anos mais tarde. Vivíamos numa época em que algumas escolas estavam procurando construir uma prática pedagógica que denominavam de renovada, essa tentativa provocava um debate acirrado nos meios educacionais. Parece que as escolas dividiam-se em dois grupos. Um grupo de escolas defendia com muita intensidade os valores educacionais tradicionais como: grande quantidade de conteúdos, disciplina rígida, aulas pautadas na transmissão de conhecimentos; enquanto outras, consideradas alternativas ou liberais, estavam ensaiando outras práticas pedagógicas: enfatizavam os processos de aprendizagem, mais que os produtos. Procuravam não impor normas disciplinares, mas construí-las em conjunto com os alunos.

Essas novas tentativas nem sempre eram compreendidas e aceitas pela sociedade que observava desconfiada essas transformações. Estava instalada uma tensão entre esses dois mundos que representavam projetos de vida diferentes. Observávamos pais confusos tentando localizar-se neste cenário sem saber que escola escolher para seus filhos.

Abandonei minha escolha inicial, pois percebi que esta opção poderia me levar a uma comparação e, conseqüentemente, a tentar estabelecer um juízo de valor frente ao trabalho destas duas correntes o que não se configurava como tarefa possível naquele momento e me distanciaria do objetivo inicial.

Assim decidi que o trabalho seria realizado apenas em uma escola, eu buscava indícios de mudança para que isso se tornasse possível seria necessário investigar uma escola que estivesse comprometida com a renovação das práticas pedagógicas.

Foi então que reafirmei a opção pela pesquisa em um só local. E que ela fosse semelhante ao espaço onde trabalhava, pois havia a necessidade de investigar melhor o meu trabalho, de voltar-me para minha prática. Eu fazia parte do grupo de educadores que estava tentando propor mudanças nas práticas escolares e guardava dentro de mim, hoje ouso confessar, uma certa insegurança. Será que estamos caminhando na direção certa, Os nossos alunos estão realmente aprendendo os conteúdos necessários para fazer parte de nossa cultura? Tinha escolhido este tipo de escola para as minhas filhas, sentia-me duplamente responsável como educadora e como mãe.

Por que não ser a própria escola em que trabalho o local da pesquisa? Sabia que correria riscos. A proximidade nem sempre me permitiria enxergá-la com nitidez. Mas com um referencial teórico consistente como norteador, senti-me habilitada para percorrer o caminho escolhido.

O local escolhido foi um colégio particular situado na Zona Sul de São Paulo, atendendo a mais ou menos 800 alunos, da pré-escola ao 2º grau. A escola além da equipe de direção contava, também, com uma equipe técnica composta por sete orientadores que acumulam as funções educacionais e pedagógicas, da qual fazia parte e com os assessores de área: Português, Matemática, Ciências, Estudos Sociais, Artes e Educação Física.

Na Escola Infantil trabalham professores polivalentes encarregados das classes e auxiliares. No 1º Grau, de 1ª à 4ª séries, trabalham professores polivalentes e professores específicos de Ciências, Educação Física e Música, e também professores substitutos. Na 5ª série do 1º grau funciona ainda um sistema de semipolivalência. Da 6ª até o 2º grau, trabalham somente professores especialistas.

Os alunos eram em sua maioria moradores do próprio bairro ou de bairros próximos, bairros de classe média. As famílias que procuravam a escola, na sua maioria comungavam desse desejo que mobilizava os educadores da escola: construir uma nova maneira de ensinar e aprender, mas, também, como nós educadores, algumas vezes, eram acometidas por inseguranças o que demandava um esforço enorme dos educadores para acolher e criar condições para que a comunidade escolar se sentisse segura frente às novas experiências pedagógicas.

Realizei a pesquisa nas quatro 3ªs séries do 1º grau. Desde o início do meu trabalho em Educação sempre andei às voltas com 3ªs séries. Mais uma vez me percebi relacionando o meu trabalho teórico com meu trabalho diário. Aprofundar o meu conhecimento sobre essa faixa etária mostrou-se, também, um desafio.

O método de coleta de dados escolhido foi a observação sistemática das salas de aula, onde fiz o registro cursivo das atividades, das interações no ambiente e das relações pessoais, enfatizando as falas, as expressões verbais e não verbais do professor e dos alunos e o conteúdo ensinado.

Antes de iniciar a pesquisa conversei com os professores, que se propuseram a participar. Com os alunos conversei no dia da primeira observação. Sentava-me, sempre no fim da sala, em alguma carteira vazia.

Usei para o registro dos dados uma cadernetinha discreta. Passava a limpo os dados obtidos com a maior rapidez possível para evitar possíveis esquecimentos. Ao fazê-lo usava três cores de caneta. Em verde registrava as falas dos indivíduos, as anotações na lousa e material escrito produzido pelas crianças; em azul registrava as descrições do ambiente, de atividades dos sujeitos e de seus comportamentos; em vermelho fazia anotações reflexivas, observações pessoais, relatos de sentimentos e emoções vividas por mim durante as observações. A utilização das cores além de facilitar a organização do trabalho, proporcionou uma maior liberdade no que se refere a colocações pessoais.

Também usei o vermelho para acrescentar informações que tinha a respeito de alunos e professores. Informações essas obtidas em outras atividades, tais como reuniões pedagógicas, entrevistas com pais, registros de prontuários, encontros formalizados com os professores. Por dispor dessas informações, não senti necessidade, no decorrer do trabalho, de realizar entrevistas ou de utilizar outro método de coleta de dados.

Realizei trinta e três observações: sete na 3ª série A, oito na 3ª série B, nove na 3ª série C e nove na 3ª série D.

Procurei variar dias da semana e horários para encontrar o grupo em diversas atividades. Observei também aulas específicas de Educação Física e Ciências, dadas por outros professores. As aulas de Música não pude observar, por elas serem em horários em que me encontrava em outras atividades.

Para analisar os dados retornei ao referencial teórico, queria investigar se os padrões de consciência estruturados pelo arquétipo matriarcal, patriarcal e alteridade eram vivenciados pelos alunos de 3as séries que deveriam estar num momento de maior estruturação do dinamismo patriarcal, mas tinha uma hipótese nascida de minha observação. Numa escola como a nossa na qual estava constelado com tanta intensidade uma consciência de Alteridade as crianças ao estar interagindo com esse padrão de consciência poderiam ter também este arquétipo ativado. Os indicadores foram organizados em três grandes conjuntos.

Queria captar os sinais, os indícios dos diversos dinamismos nas salas de aula. Queria perceber os sinais de presença do dinamismo matriarcal, do patriarcal bem como de alteridade.

A Sala de Aula

Como dissemos, indivíduos e grupos desenvolvem-se percorrendo caminhos semelhantes, caminhos arquetípicos. Na escola encontramos também um Self, o pedagógico, que surge da interação do Self do professor com os dos alunos, contidos num Self mais amplo, o institucional, que por sua vez está inserido no coletivo.

Partindo da sala de aula, onde ocorre de maneira sistemática o trabalho pedagógico, procurei entrar em contato com o Self pedagógico e suas ligações mais amplas. Iniciei o trabalho pressupondo que os três ciclos arquetípicos se mostrariam na sala de aula estruturando as relações e as atividades. Essa jornada se traduziu, no entanto, como tarefa difícil. Ao se sistematizar as observações, buscando nelas os símbolos, correu-se o risco de cristalizá-los e reduzi-los. Uma pesquisa requer uma sistematização, uma lógica, enquanto que uma leitura simbólica é muitas vezes analógica. Segundo Ulson:

> Querer sistematizar o pensamento simbólico como desejam alguns autores é incorrer num "petitio principii". Nesse ponto, Jung nos parece bastante coerente com seu método, quando deixa as coisas um tanto vagas, cuidando para que fique em aberto outras possibilidades e considerando impossível a precisão e o rigor de uma ciência positiva. Evita a linearidade própria das psicologias que cuidam dos fenômenos da consciência e que excluem o inconsciente. (Ulson, 1988, p.50).

Por outro lado, a produção do conhecimento e a sua discussão nos meios acadêmicos requerem uma linguagem clara e precisa para que possa ocorrer a socialização dos mesmos e conseqüentemente o crescimento da comunidade.

Tentar aproximar as polaridades linguagem científica e linguagem simbólica não as percebendo como opostas e excludentes, mas como linguagens que podem ser articuladas resultariam numa terceira, parece-me um objetivo a ser alcançado. Objetivo esse que percebi não ser só meu mas de uma parcela significativa de pesquisadores que procuravam novas formas de fazer pesquisa e de produzir conhecimentos. Não tinha a pretensão de construir essa síntese nesse trabalho, mas sim contribuir para sua busca.

Procurei olhar as observações de maneira sistemática, buscando nelas as expressões arquetípicas, evitando no entanto, classificá-las ou hierarquizá-las. Buscando percebê-las integradas de maneira dialética, evitando o mais possível empobrecê-las e reduzi-las.

A descoberta dos dinamismos arquetípicos e de sua estruturação no decorrer da vida possibilitou–me uma maior compreensão dos diversos níveis de consciência e de como eles vão se estruturando e produzindo maneiras diferentes de se relacionar com o mundo. A vida parece ser tecida com diversos fios arquetípicos que se apresentam assumindo variadas tonalidades. Para tentar compreender esses nuances, tentamos olhar para os tecidos que eles compõem procurando detectar seus fios e reconhecer suas cores básicas, mesmo sabendo que nossas tentativas são provisórias e precárias.

4. A dança arquetípica: em busca de símbolos matriarcais

As mães foram as primeiras a romper com as atitudes estritamente egoístas da humanidade, visando a incluir em seu círculo de atenções um objeto de amor além de si mesma: o "não eu".

O amor materno desmanchou o feitiço narcisista e introduziu as relações objetais no mundo humano.

À medida que esta atitude expandiu-se e generalizou-se, transformou a sociedade no matriarcado, cujos sinais distintivos eram a aceitação universal de todos as criaturas.

Murray Stein

Esse dinamismo está relacionado com o princípio feminino materno com a gestação da vida e com a Grande-Mãe. O Dinamismo Matriarcal, segundo Byington (1983a), parece ser o mais básico na psique. Campbell (1994), constatou que a imagem da Madona - a mãe segurando um filho, está presente em representações de diversas culturas anteriores à Era Cristã, ela se trata de uma figura iconográfica da maior antiguidade o que demonstra a força desse arquétipo que há milênios se faz representar. A grande-Mãe também pode estar relacionada às forças da natureza que ora nutre e protege, ora ameaça e destrói. Podemos sentir a atração que ela exerce ao ler o que o poeta Wordsworth escreveu em 1798 e que Campbell recupera:

> Ao olhar a natureza, não mais como nos tempos
> Da juventude irrefletida, mas ouvindo freqüentemente
> A música serena e triste da humanidade,
> Nem estridente nem dissonante, embora com poder bastante
> Para punir e subjugar. E sentir
> Uma presença que me perturba com alegria
> De pensamentos elevados; um senso sublime
> De algo difuso muito mais profundamente,
> Cuja morada é resplendor de sóis poentes,
> E o oceano circundante e o ar da vida,
> E o firmamento azul, e a própria mente do homem. (Campbell, 1994,p.57).

O fato deste arquétipo ser o primeiro a constelar-se quer dizer que ele seja mais ou menos importante que os demais. Sua característica principal é a proximidade da consciência dos processos do inconsciente. O alimento aparece como um símbolo estruturante do dinamismo matriarcal. A criança necessita de alimento físico e psíquico para se desenvolver, alimentos esses dados pela figura materna ou sua representante. Para Neumann (1973), essa relação mãe e filho, relação primal, supre as relações da criança com seu próprio corpo, com o seu Self, com o outro e com o mundo. A criança contida nesse recipiente que representa a mãe, o mundo, o corpo e o Self, vive sensações de calor, segurança e saciedade. As perturbações que despertam o Ego - fome, sede, frio - são reguladas e compensadas pela mãe. Nessa época, a experiência de carinho, prazer e nutrição propiciam um sentimento de segurança e de ser desejado, que é a base para um comportamento social positivo e para um sentimento de segurança no mundo.

Do ponto de vista cultural, também o alimento é um símbolo estruturante. Podemos ver o início das organizações sociais serem regidas pela busca de provisões; como conseguir produzir (plantar) esse alimento, em vez de somente coletá-lo, significa uma grande conquista para o grupo. O alimento não representa apenas comida; o alimento significa a obtenção do prazer, do afeto, da segurança, que são muito importantes nesse dinamismo.

Para Byington (1983b), pela proximidade com o inconsciente esse dinamismo produz discriminações pouco rígidas que se transformam constantemente; discriminações de caráter pragmático que produzem um pensamento que por ser distante da lógica patriarcal é muitas vezes considerado ilógico, mas também pode ser profundamente inteligente. Podemos tomar como exemplo os caiçaras que sabem quando o tempo vai mudar - ao serem questionados sobre quanto e como têm essa percepção, dão explicações consideradas "ilógicas". Há crianças que choram ao se aproximarem de pessoas que não gostam delas, pressentindo os sentimentos adversos. Essas formas de perceber a realidade surgem de percepções inconscientes que não são aceitas pelos que vivem pautados na consciência patriarcal.

É a lógica matriarcal próxima do inconsciente que explica a forma mágica e ritualística de lidar com a realidade. Pelos ritos entra-se em contato com o inconsciente e nele buscam-se as respostas para os problemas e dificuldades diárias. A magia é muito comum no dinamismo matriarcal. O corpo e a emoção são predominantes nessa dinâmica, existindo uma grande ligação com a natureza, nesse ciclo ela assume a forma de Mãe Natureza, a que fertiliza e é fertilizada pelo homem.

Isto é translúcido num trecho da carta que o chefe indígena Cacique Seattle enviou em 1854 ao presidente dos Estados Unidos, como resposta à proposta governamental de comprar terras indígenas. Essa carta também foi utilizada por Byington (1983b), para clarificar o matriarcado no seu artigo "Uma teoria simbólica da História", porém com outra tradução:

> Cada pedaço desta terra é sagrado para o meu povo. Cada ramo brilhante de um pinheiro, cada punhado de areia das praias, a penumbra na floresta densa, cada clareira e inseto a zumbir são sagrados na memória e experiência do meu povo.
>
> A seiva que percorre o corpo das árvores carrega consigo as lembranças do homem vermelho.
>
> Os mortos do homem branco esquecem sua terra de origem quando vão caminhar entre as estrelas. Nossos mortos jamais esquecem esta bela terra, pois ela é a mãe do homem vermelho. Somos parte da terra e ela faz parte de nós. As flores perfumadas são nossas irmãs, o cervo, o cavalo, a grande águia são nossos irmãos. Os picos rochosos, os sulcos úmidos nas campinas, o calor do corpo do potro e o homem - todos pertencem à mesma família.
>
> ... o que é o homem sem os animais? Se todos os animais se fossem, o homem morreria de uma grande solidão de espírito. Pois o que ocorre com os animais breve acontece com o homem. Há uma ligação em tudo.

Vocês devem ensinar as crianças que os solos a seus pés é as cinzas de nossos avós. Para que respeitem a terra e digam a seus filhos que ela foi enriquecida com as vidas de nosso povo. Ensinem às suas crianças o que ensinamos às nossas, que a terra é nossa mãe. Se os homens cospem no solo estão cuspindo em si mesmos.

Isto sabemos, a terra não pertence ao homem, o homem pertence à terra. Isto sabemos, todas as coisas estão ligadas como o sangue que une uma família. Há ligação em tudo[1].

Nesse discurso, podemos perceber a relação do homem com a natureza, da qual ele se percebe parte totalmente integrada ao todo. A relação que se estabelece com ela é de respeito e não de dominação.

O dinamismo matriarcal pode aparecer nos seus dois aspectos: a Mãe Boa e nutridora, afetiva, carinhosa, protetora, que na natureza produz alimento, água, calor; e a Mãe Terrível, que abandona, não nutre, não acalenta; que na natureza se manifesta nas secas, nos terremotos e nas doenças.

---

[1] Texto publicado pela ONU, tradução de Irina O. Bunning

Indícios do Dinamismo Matriarcal nos espaços escolares

As sociedades que se estruturam a partir do Dinamismo Matriarcal não aproximam suas crianças dos conteúdos culturais colocando-as na escola. A aprendizagem matriarcal ocorre no contato estabelecido entre crianças e adultos em situações existenciais. Aprender, aqui, não implica se afastar do objeto a ser conhecido, mas fusionar-se com ele para, a partir desse estado de simbiose, poder captá-lo em sua totalidade. Para que haja aprendizagem no Dinamismo Matriarcal, não há necessidade de criar situações sistemáticas de aprendizagem, afastar as crianças da vida e, conseqüentemente, não há necessidade de existir uma instituição encarregada de educar. As crianças aprendem principalmente através da imitação, não se ensina a fazer, faz-se junto. Não se aprende a partir da razão, da abstração, mas a partir das vivências do cotidiano e dos mitos.

A escola é produto de uma consciência patriarcal. Em função disto o Dinamismo Matriarcal não se encontra em primeiro plano estruturando o trabalho pedagógico, mas sua participação, apesar de não planejada, se faz notar a todo o momento, pois não existe vida sem a sua presença. Seus símbolos se fazem notar no abraço que acolhe, no olhar carinhoso e nutridor da professora, nas brincadeiras das crianças e em muitos outros momentos.

A aprendizagem matriarcal e a educação pelo exemplo

Podemos estabelecer uma relação entre a "Aprendizagem Matriarcal" e a "Educação pelo Exemplo", descrita por Jung: aquela que ocorre espontaneamente a partir de processos de identificação. Os alunos não aprendem somente os conteúdos, mas sim modalidades de ensinar e aprender que farão parte de suas matrizes pedagógicas (Furlanetto, 2004) que estarão presentes, influenciando suas aprendizagens futuras.

Observando os alunos nas salas de aula, percebemos que eles se apropriam da maneira de ser dos professores. aprendendo a maneira de falar, de escrever, e até mesmo de rir de seus mestres. Isso pode ser constatado quando observamos as crianças brincar de escola, Vendo-as dar ordens, repreender ou acolher seus alunos fictícios, podemos saber muito de seus professores. Elas reproduzem seus comportamentos e jeitos de ser.

O surgimento dos rituais

O dinamismo matriarcal se revela na escola quando ela se descola do cotidiano aprisionado às rotinas patriarcais e se entrega a movimentos que ultrapassavam os planejamentos e a ordem estabelecida. Pude observar na escola investigada que alguns rituais se constelavam e ganhavam uma vida própria, transformando-se em símbolos que ultrapassavam as rotinas pedagógicas.

Para exemplificar, podemos nos remeter à semana dedicada ao aniversário do colégio. No início era um dia, mas, com o decorrer dos anos, esse tempo foi sendo ampliado transformando-se numa semana na qual os alunos podiam sugerir e realizar atividades que eram significativas para eles. Esta semana significava um tempo de viver uma escola diferente que não se comprometia com o tempo das tarefas, das rotinas e das necessidades, mas com um outro tempo da criação e do desejo.

Acompanhei uma 3ª. série que estava observando, não com uma certa dificuldade, pois os alunos corriam com muita alegria e interesse, fomos até o pátio e vi como o grupo foi se dissolvendo e se integrando à platéia composta pelos alunos mais velhos que estavam assistindo a uma demonstração de skate. Quando a apresentação terminou, os alunos, sem perder tempo, dirigiram-se à quadra onde aconteceria um show de rock no qual se apresentariam diversas bandas compostas por alunos da escola. Os olhos dos pequenos brilhavam, encantados com os colegas mais velhos. A música, além de atrair os alunos, foi atraindo, professores e funcionários, os alunos "curtiam" o rock enquanto os adultos pareciam encantados com os alunos, orgulhosos de vê-los produzindo música.

Nesses momentos, sentíamos a vida fluindo na escola, Era necessário um planejamento ainda mais elaborado para permitir uma nova ordem na escola, mas ele não aprisionava e sim, dava suporte para que as atividades acontecessem. Uma atmosfera de alegria e descontração se instalava no ambiente escolar. A aprendizagem acontecia de maneira espontânea sem exercícios e nem lições de casa. Esse clima nos contava que o arquétipo matriarcal estava presente colorindo as vivências.

O fazer junto

Um clima de "fazer com" se constelava nas salas de aula e transformava-se em um símbolo a ser elaborado. Observei situações em que as crianças se mostravam muito descontraídas na sala de aula, viravam-se para trás, conversavam com os colegas quando achavam necessário, requisitavam a ajuda do professor. Levantavam para ir ao escaninho pegar ou guardar material, para apontar lápis. Tudo com muita tranqüilidade. Normas norteavam a convivência, mas elas eram lembradas quando realmente necessárias, quando alguém prejudicava o trabalho do grupo, e não pareciam ser verdades definidas para o todo sempre, mas sim norteadoras da convivência social, que poderiam ser modificadas a partir das necessidades dos grupos.

Esse clima levava as crianças a atitudes manifestamente espontâneas e sinceras. Nestas ocasiões, não foram observadas situações nas quais elas tentavam enganar o professor, dissimular. O clima era de cumplicidade e afeto o professor e os alunos brincavam e riam, ao mesmo tempo em que trabalhavam. Estavam juntos, ligados nas atividades que realizavam. Nestas situações podíamos sentir que trabalho, rotina e ordem não se opõem à liberdade, à satisfação e ao prazer, quando eles podem conviver.

A presença da emoção

As crianças nessa idade vivem as emoções intensamente, o que as transformam num símbolo e as demonstram com facilidade. Nós adultos procuramos lidar com elas ou até mesmo negá-las. Tentamos elaborá-las, antes de agir a partir delas. Para as crianças, esse processo nem sempre é possível; na maioria das vezes, elas não conseguem dar um tempo, reagem imediatamente, o que ocasiona constantes bate-bocas e algumas vezes até agressões físicas.

Em uma escola onde as emoções são acolhidas, o clima parece ser mais intenso, os conflitos emergem com mais freqüência - o que aparenta uma maior desorganização. Nessas ocasiões, é necessária a mediação do adulto para evitar a ocorrência de uma atmosfera desfavorável, onde se estabeleça o desrespeito, que impede um trabalho produtivo. Ao adulto cabe possibilitar à criança a percepção de que sentir emoções como amor, carinho, raiva e inveja é permitido e necessário, são parte de nós mesmos. Mas o que precisa ser cuidado é o que fazer com elas. A raiva pode transformar-se num chute, num palavrão ou pode também se transformar numa conversa com o colega que foi indelicado ou até maldoso. O acolhimento da dimensão afetiva pode possibilitar um aprendizado muito rico, valoroso para o bem-estar infantil. E quando esse espaço existe, as crianças localizam-se melhor em situações carregadas de afetividades.

A presença do corpo

O corpo assume uma importância muito grande no dinamismo Matriarcal, como vimos anteriormente, as aprendizagens nesse dinamismo não privilegiam as funções racionais, mas sim a vivência. Aprende-se incorporando e fazendo junto. O corpo assume papel de destaque nos rituais, nas festas e no cotidiano das comunidades com predominância matriarcal transformando-se em um símbolo cuja presença é muito forte neste dinamismo.

Observando as salas de aula foi possível perceber o quanto o corpo dos alunos se fazia presente. As salas eram movimento. As crianças, além de se expressarem a partir das palavras, falavam com seus corpos, olhares, toques e risadas. A movimentação corporal era constante e acolhida com tranqüilidade, pelos professores que pareciam à vontade em meio ao vai e vem dos alunos.

Para Byington (2003), seria fundamental reintroduzir o corpo nas salas de aula a partir de vivências dança e música. Esses elementos abrem outros canais de aprendizagem ampliando as possibilidades de elaboração dos conteúdos das disciplinas.

Os jogos e a aprendizagem

Observei situações nas quais o jogo era utilizado como recurso de aprendizagem e transformava-se em símbolo. Em uma aula de Matemática as crianças aprendiam tabuada jogando cartas. Elas dividiam o baralho em dois montes e cada jogador virava duas cartas, simultaneamente as quais deveriam ser multiplicadas e quem obtivesse o produto maior, ficava com as quatro cartas.

As duplas começaram a jogar com muito entusiasmo, as crianças torciam, sorriam e seus olhos brilhavam ao manejar as cartas. As carteiras foram remanejadas, uma ficou de frente para a outra para que o jogo pudesse acontecer. A alegria tomou conta da classe que tinha se preparado estudando a tabuada para poder jogar. Cada jogador tinha a chance de consultar o caderno cinco vezes durante o jogo, caso não soubesse algum resultado.

A aprendizagem está na maioria das vezes relacionada à obrigação e ao esforço, o que afasta as crianças. O prazer é visto com certa desconfiança, mas ele quando presente aproxima e estimula as aprendizagens dos alunos.

A *valorização da experiência*

Na Casa de Artes, local onde esta disciplina acontecia, o movimento estava presente e a experimentação dava sustentação ao trabalho. Nesse espaço os alunos transformavam caixas em caravelas piratas, embalagens de ovos em carros de corrida. Ali, também, sentíamos o pulsar da vida, crianças criando, brincando e fantasiando. E com seus gestos procurando expe-rimentar e atribuir sentidos para suas experiências. A experiência configura-se como um símbolo importante que anuncia a presença do Dinamismo matriarcal na escola.

Para Larrosa (2002), a experiência configura-se como um encontro com algo que se prova e se experimenta. O ser que experimenta é alguém que se arrisca, se coloca a prova, lança-se no desconhecido buscando brechas e possibilidades e que se descobre afetado pela experiência e se vê lançado em territórios desconhecidos aos quais não teria acesso a partir, somente, do exercício intelectual.

O Dinamismo Matriarcal e os professores

Quanto aos professores observados, poderíamos dizer que eles transitavam entre os dinamismos com certa tranqüilidade. Um deles organizava o grupo e as atividades, ao mesmo tempo em que brincava e abraçava os alunos. Um outro se sentia muito a vontade organizando o grupo e definindo os caminhos a serem seguidos para aprender, por outro lado sua relação com os alunos era respeitosa e atenta, mas apresentava uma certa formalidade, o que fazia com que determinadas crianças o considerassem bravo. O terceiro professor observado, algumas vezes, parecia distante do grupo. Para ele era difícil ler os sinais que os alunos emitiam o que fazia com que algumas vezes estivesse descompassado em relação ao ritmo dos alunos, o que dificultava tanto a organização da rotina escolar, bem como as relações professor-aluno.

O quarto professor sentia-se a vontade com o contato corporal: abraços e beijos era algo que acontecia espontaneamente na sua classe, mas necessitava estar muito atento para não se perder no que se refere a organização. Este professor se alterava algumas vezes falando alto, até mesmo brigando com os alunos, mas o vínculo que ele estabelecia com eles parecia suportar suas alterações. As crianças viviam penduradas nele e o consideravam muito bom e carinhoso.

As observações realizadas na classe deste último professor permitiram constatar que um clima de cumplicidade e de prazer se fazia presente com freqüência no seu grupo, como numa situação em que as crianças decoravam a sala de aula para a festa junina com enfeites produzidos nas aulas de artes.

— "Melissa, pega o durex que caiu no chão. Pega logo, como você demora!

— Aquele roxo — dizia uma criança para um balão — fui eu que fiz.

— Me dá um pedaço de durex.

— Deixa que eu seguro para ajudar!

— Olhe, caiu um pedaço!

—Deixa que eu ajudo".

O zunzum nessas ocasiões era muito grande. Algumas crianças tinham feito flores de papel crepom e as colavam. A classe foi ficando colorida, alegre e os alunos pareciam satisfeitos com o efeito produzido pelo seu trabalho. Ajudavam-se e discutiam de que maneira ficariam melhores os arranjos feitos. Recriando o espaço da sala de aula, as crianças executavam um ritual de preparação para o dia da festa que aconteceria no dia seguinte.

O Dinamismo Matriarcal e suas manifestações sombrias

Nem sempre o dinamismo matriarcal, como os outros, mostrou sua face mais criativa na escola. Um dia numa aula de Matemática, as crianças resolviam uma ficha que trabalhava com agrupamentos. Comparava-se Sistema Decimal base 10 e Sistema de Medição do Tempo-hora/dias/semanas/meses/anos, etc, base mista.

Algumas crianças estavam finalizando o trabalho. A classe parecia espalhada, uns brincavam, outros conversavam, alguns tentavam trabalhar. A professora andava de carteira em carteira, atendendo a chamados de crianças, algumas cansadas de esperar no lugar andavam atrás da professora reclamando sua ajuda. A professora conversava com algumas crianças, muito baixinho. Dois meninos brincavam com uma bola de papel. Outro desenhava na lousa, alheio ao que acontecia na classe e a professora continuava respondendo às dúvidas, perdida no meio das inúmeras solicitações, enquanto alguns trabalham e outros brincam. Parecia que quando ela se detinha numa criança, esquecia as outras vinte e seis que se dispersavam e acabavam atrapalhando umas as atividades das outras. A professora virou-se para a lousa e sem falar nada, começou a escrever em giz verde, o que, na lousa, também verde, dificultava muito a leitura.

Observando os movimentos dessa professora, foi possível constatar uma certa dificuldade dela em organizar a classe. Esta falta de coordenação grupal acabava contagiando os alunos, que se dispersavam com freqüência e produziam materiais desorganizados. A coordenação do professor apresentou-se como fundamental para a estruturação grupal. Importa que o adulto tenha a visão global do grupo e auxilie os alunos a desenvolver atividades individuais, articuladas ao processo coletivo. É necessário que a criança perceba, por exemplo, que brincar de bola ao lado de alguém que tenta trabalhar compromete o trabalho desse mesmo colega. O espaço para ser individualizado não é um espaço absoluto, é um espaço delimitado dentro de um espaço grupal. Essa relação criativa entre as polaridades individual grupal é um desafio constante a ser vivido nos espaços coletivos.

5. O dinamismo patriarcal compondo a dança arquetípica

> *A concentração da consciência em torno de um ego heróico nodal promoveu o surgimento de um sistema de valores quase inteiramente masculino, dotado de uma ênfase correspondente na separatividade e na vontade individual...*
>
> *Tornou-se tarefa do ego conquistar e suprimir suas qualidades femininas, assim como seus caprichosos impulsos* relegando todo esse material ao inconsciente.
>
> Edward C. Whitmont

O fato de um dinamismo passar a ser vivido com intensidade não anula obrigatoriamente a presença do anteriormente manifestado. Muitas vezes, pode até acirrar alguns aspectos do mesmo, ou acobertá-los. Mas um dinamismo, uma vez constelado, é uma aquisição do Self que não se perde no estágio que o sucede.

E também um novo dinamismo não significa uma superação do anterior no sentido hierárquico. Ele só pode constelar-se e ser vivenciado criativamente se o indivíduo se encontrar preparado para dar continuidade ao seu desenvolvimento, estar preparado está relacionado às vivências do dinamismo anterior. Dessa forma, os símbolos matriarcais convivem com os símbolos patriarcais, convivência que nem sempre é tranqüila.

Um indivíduo em torno de dez anos é uma criança ainda próxima do dinamismo matriarcal, disponível para viver a brincadeira, o amparo, o prazer, mas já capaz de entrar em sintonia com vivências patriarcais.

O dinamismo patriarcal, regido pelo Arquétipo do Pai, é muito conhecido de todos nós, pois vivemos durante muito tempo numa cultura com forte predominância patriarcal. Ele promoveu um profundo afastamento entre nossa consciência e nosso inconsciente e também das demais polaridades. Separamos a razão da emoção, o objetivo do subjetivo, o corpo do espírito. O dinamismo patriarcal, devido à sua grande capacidade de abstração, possibilitou a organização das normas e dos limites, o afastamento do ser humano de seu corpo e emoções.

A lógica abstrata, o pensamento antecipatório e o método favoreceram o desenvolvimento do planejamento indispensável para a vida social moderna. Nesse dinamismo, conhecer exige um afastamento do objeto a ser conhecido. Em função disso, surge a valorização da racionalidade, da função pensamento e da sensação, em detrimento do sentimento e da intuição. A consciência patriarcal é disciplinar, organiza, limita e fragmenta.

Apesar da estruturação patriarcal ser muito importante para a consciência e para a cultura, pois ela permite a organização e o planejamento da vida; ela pode exercer também um papel limitador, pois muitas vezes cerceia as transformações e a criatividade. Encontramos nesse padrão uma dose grande de rigidez e limites bastante claros. Segundo Byington:

> Esta rigidez expressa o grau de componente repressivo sempre presente que traz consigo uma maior ou menor elitização na discriminação dos pontos dos símbolos. Isto quer dizer que a estruturação da consciência pelo padrão patriarcal se faz sempre através de uma determinada repressão em nome de uma lei e ordem atestadas, que fazem com que a Consciência Individual ou Coletiva seja codificada e organizada de forma relativamente repressiva e elitista no relacionamento do Eu e do outro. Enquanto que nas discriminações matriarcais, a conotação simbólica de assenhorar-se de coisas alheias por exemplo pode variar intensamente, já nas discriminações patriarcais isto

tende a ser sempre considerado delito grave e punido severamente (Byington, 1983b, p.149).

Essa repressão e punição surgem, no Dinamismo Patriarcal, com uma função específica de conter o fluxo da vida psíquica criativa e pujante do Dinamismo Matriarcal, pois ele, por ser pujante, facilmente rediscriminaria a consciência. Ao nos remetermos às nossas experiências, nos deparamos com lembranças de situações nas quais esse dinamismo esteve constelado. Quem não se lembra do prazer em saborear uma boa comida, de entregar-se ao embalo de uma música, da dificuldade de interromper um papo agradável com amigos para ter que ir trabalhar. Em função disso o padrão patriarcal cerceia a criatividade espontânea, as mudanças, cultiva a repetição, a memória, a tradição. Podemos encontrar na cultura exemplos da repressão exercida pelos que vivem a dimensão patriarcal com intensidade aos que podem simbolizar aspectos matriarcais. Temos muitos exemplos de perseguições a mulheres consideradas bruxas, cúmplices do diabo e capazes de seduzir os homens. Campbell (1994), faz referência ao fato de que nos monastérios antigos, era totalmente proibida a entrada de mulheres consideradas quase tão poderosas quanto o diabo. Os abades temiam as mulheres e não permitiam que os monges ficassem expostos a elas, convencidos que eles sucumbiriam às tentações femininas.

Byington (1983b), nos lembra que os mandamentos gravados em pedra para todo o sempre, genéricos e dogmáticos, exigindo obediência sem contestação se apresentam como símbolos estruturantes do dinamismo patriarcal. Assim como a descoberta do plantio foi importante para o dinamismo matriarcal, a conquista da escrita é importante para o Dinamismo Patriarcal, pois a palavra escrita permite uma maior organização de idéias e permite também um maior afastamento delas. A consciência que no Dinamismo Matriarcal funcionava de maneira insular, une-se, transformando-se numa consciência continente e densa.

A dimensão ideacional é muito presente no padrão patriarcal, dando origem às elitizações, e a produção de um conhecimento genérico e abstrato. O princípio que orienta o padrão patriarcal é o da casualidade. A lógica patriarcal é baseada na consciência, busca a coerência, a organização, existe uma valorização da palavra dada, dos códigos de honra e das leis. A família patriarcal cultua o sobrenome do pai, as tradições e as leis de herança. O corpo na fase patriarcal é aprimorado. Esse aprimoramento se dá através de formas patriarcais de lidar com o corpo, tais como ginástica, balés clássicos, esportes.

A natureza é vista como algo a ser conquistado, dominada e dividida. Podemos perceber isso no sistema capitalista, na forma como esse sistema lida com a natureza. Podemos tomar como exemplo a Selva Amazônica que vem sendo sistematicamente desmatada pelo capital ávido de lucro. Assim como a sensualidade é muito importante no dinamismo matriarcal, o esforço e o poder tornam-se importantes no dinamismo patriarcal. Desenvolver a força de vontade do Ego para vencer obstáculos, ultrapassar barreiras e resistir às tentações, passam a ser um objetivo neste ciclo regido pelo Arquétipo do Pai.

A implantação do padrão patriarcal implica distanciar-se da cultura do matriarcal. Em função disto, símbolos matriarcais são inferiorizados, tais como a sensualidade, as divindades femininas, a magia e a mulher. No dinamismo matriarcal não existe a necessidade de hierarquização, símbolos vivenciados à noite, como a lua, não são mais nem menos importantes que os vivenciados de dia, como o sol. Já no dinamismo patriarcal surge a necessidade de se construir uma escala de valores, sendo que aqueles que dizem respeito à mulher e ao que lhe diz respeito são considerados menos valiosos.

A nível individual a criança vivência um momento de maior organização de consciência, de estruturação de limites e de discriminação. Surge a importância da responsabilidade, do respeito. Ela começa a se fascinar pelo mundo do logos, do conhecimento, e para poder adquiri-lo, fazer parte dele, percebe a necessidade de sacrificar alguns prazeres do mundo matriarcal. É ajudada nesse momento pela figura do pai, que pode ser o pai pessoal ou seu representante.

É importante ressaltar que o pai pessoal pode constelar o arquétipo da mãe, assim como a mãe pode assumir dinamismo patriarcal. Selecionei um trecho da obra de ficção de Adélia Prado, para exemplificar o que venho demonstrando:

A mamãe nunca foi carinhosa, não lembro dela me dar um beijo. Diferente do papai, toda vida uma abraçação com a gente: - Mas viviam bem, não viviam? - Dava para agüentar. Piorou tudo quando a Suely nasceu. Mamãe nunca, nunca se conformou com o defeito da menina. Lembro muito bem, ela novinha, mamãe parece que tinha nojo dela, não acarinhava, como as mães fazem com os nenezinhos, não deu leite para ela, eu percebia tudo. Deixava por conta do papai, ele é mais jeitoso, desculpa que ela arrumou para não pegar a menina, coitadinha da Suely. Muitas vezes peguei papai alisando o bracinho dela, beijando os dedinhos secos, amaciando eles com lágrimas, com beijos: "minha filhinha, minha filhinha". Punha Suely no colo, ensinou ela a comer, a se limpar. Eu não entendo, não cabe na minha cabeça o que minha mãe faz. Filho aleijado é para toda noite a mãe ir pra beira da cama dele, alisar ele até ele dormir, ficar com a mão no aleijão do menino pra passar o amor pra ele. "Vem cá, minha filhinha", papai punha a Suely no colo, pegava a mãozinha seca para cortar a unha: "esmalte, aqui gasta só um pouquinho, tiquinho de dedo, ti- quinho de unha...". Papai sofria, sofria, mas cada vez gerava ela de novo com a força do amor dele.

A mamãe só nos gerou uma vez. Se não fosse papai, tínhamos se-cado todos, como o bracinho da Suely.

Não secaram. Pois o arquétipo da Grande Mãe estava presente, não vivido pela mãe de Suely, mas pelo pai. Ele a gerava continuamente com o seu amor.

Por sua vez o ciclo patriarcal é regido pelo arquétipo do Pai, que também pode se apresentar nas suas duas facetas: Pai bom, que coloca limites seguros, organiza, disciplina, promove a justiça, discrimina, orienta; e o Pai terrível e castrador que reprime, limita a criatividade de maneira negativa, do ponto de vista cultural causa a guerra, a opressão da mente, ou simplesmente se ausenta não auxiliando a criança na sua organização. Sobre a dosagem dos limites, podemos consultar o I Ching:

O lago ocupa um espaço limitado. Quando recebe água demais, transborda. Por isso deve-se por limites à água...

Limitações são penosas, mas eficazes...

Limitações são também para a ordenação das circunstâncias do mundo. A natureza tem limites fixos para o verão e o inverno, para o dia e a noite, esses limites que dão sentido ao ano.

Mas limitações devem ser aplicadas de forma equilibrada. Se um homem tenta impor restrições muito amargas à sua própria natureza isso lhe será prejudicial. Se exagera ao impor limites aos outros eles se rebelarão. Portanto, é necessário fixar limites até mesmo às limitações (Wilhelm, 1989 p.182).

A Escola Nascida Patriarcal

Observando a sala de aula foi possível perceber a instituição se mostrando através dela. Como diz Byington, a escrita foi a grande conquista e um símbolo que ajudou na estruturação do Dinamismo Patriarcal. Através dela, foi possível ao homem afastar-se de suas idéias tornando-as mais abstratas e genéricas, ele pode registrar seus conhecimentos, abandonando aos poucos a transmissão oral dos mesmos. Tornou-se então necessário a criação de uma outra forma de transmissão dos conhecimentos e surge a escola.

A escola surgiu, responsável por organizar e transmitir a cultura formulada pelas gerações anteriores. Se voltarmos a Libâneo (1975), poderemos constatar que quando ele descreve a escola tradicional está descrevendo uma escola Patriarcal. Há ênfase no intelectual, na transmissão da cultura geral, do saber acumulado pelas gerações anteriores. Ao aluno cabe receber e repetir os conhecimentos; ao professor, figura preponderante, cabe ser um bom transmissor. Em uma escola patriarcal existe uma ênfase nos métodos transmissivos e no ensino frontal e repetitivo.

O dinamismo patriarcal e a educação coletiva consciente

Podemos estabelecer uma relação entre os objetivos da escola tradicional patriarcal com o segundo tipo de educação descrito por Jung "A Educação Coletiva Consciente" que se constitui em uma educação baseada em regras e princípios de natureza coletiva. Ela pauta-se em processos que aproximam os indivíduos entre si tornando-os capazes de conviver em sociedade. Configura-se como um processo educativo necessário, mas, caso ela ultrapasse os limites da uniformidade, favorecerá o surgimento de indivíduos acomodados aos padrões culturais e incapazes de colocá-los em discussão e transformá-los.

A presença da organização na escola

A organização é um símbolo importante na escola que merece ser elaborado. Nascida Patriarcal, a escola se organiza basicamente a partir desse dinamismo. Das professoras observadas, uma era pedagoga, duas estavam no último ano em Pedagogia e uma cursava História. Três tinham experiências anteriores em outras escolas, uma tinha começado a trabalhar no colégio como auxiliar de classe e agora era professora. A salas de aulas estavam organizadas de maneira convencional. A classe era retangular, possuía janelas com persianas. O piso era verde de cimento e as paredes pintadas de branco. Na parede da frente, uma lousa verde. Nos fundos da sala, havia murais de eucatex, armários; para a professora, fechados à chave, para as crianças, divididos em escaninhos abertos. Existiam mesas para as crianças e para a professora: a da professora, maior; as das crianças arrumadas em filas. Essa maneira de organizar a sala de aula, com algumas variações, repete-se em diferentes culturas o que aponta para a força dessa representação do espaço escolar.

O material era organizado em forma de cadernos pedagógicos elaborados pela própria escola e cadernos comuns. Eram utilizadas pastas com elásticos para guardar as folhas destacadas dos cadernos pedagógicos; e uma pasta com plásticos para guardar redações e desenhos livres. Esse material era encontrado em todas as classes.

O número de aulas de cada matéria era pré-fixado, a lição de casa era diária, excetuando as sextas-feiras. Existiam normas da escola que eram trabalhadas com os alunos. Aconteciam punições quando alguma criança as desrespeitavam. Aconteciam avaliações bimestrais: os resultados dessas avaliações e de outros trabalhos eram apresentados em forma de conceitos no boletim, no final do bimestre. Observou-se que uma estrutura organizada dava sustentação ao trabalho pedagógico.

Os símbolos coordenados pelo dinamismo patriarcal que encontramos na escola, tais como horário, prazos, planejamentos, limites e organização, se por um lado permitem o seu funcionamento organizado, por outro, vividos rigidamente, podem exacerbar os afastamentos que, em vez de possibilitarem uma maior discriminação, produzem um não-enxergar e cercear as transformações criativas e de uma Instituição. Podemos dar o exemplo do professor excessivamente comprometido com as normas e prazos e com seus cumprimentos, que não entra em contato com as necessidades de seus alunos, não percebe o movimento que seu grupo está fazendo e impõe tarefas e tempos que mais atrapalham do que potencializam o trabalho pedagógico.

Encontramos, então, muitas vezes, uma prática pedagógica que afasta o professor do aluno, distancia o aluno de seus colegas e ambos do conhecimento. Existe também uma distância entre teoria e prática, muito presente nesse dinamismo que se mostra na escola encobrindo as relações entre o que está sendo estudado e a própria vida. Deparamos com o conhecimento fragmentado em disciplinas que, se por um lado cumprem uma função organizadora do conhecimento, por outro distanciam os alunos da realidade simples da vida. A mesma criança que assiste a uma aula teórica sobre vegetais na escola, não é capaz de cuidar da plantinha que tem em casa, ou de estabelecer alguma relação entre o que aprendeu com a salada que come no almoço.

A vivência criativa da organização é um desafio a ser enfrentado cotidianamente. Pode-se observar que quando instituições abandonam ou rejeitam o Dinamismo Patriarcal tentando avançar a partir de sua refutação, acabam por ficar aprisionadas no Dinamismo Matriarcal. Transformando-se em escolas laissez-faire, liberais, desorganizadas, e por isso muito criticadas. Instituições que se fixam no Dinamismo Patriarcal, por sua vez, cristalizam-se se tornando repetitivas e conservadoras. Avançar não significa negar o anterior, mas incorporá-lo de forma a poder superá-lo sem negação.

As normas

Outro símbolo a ser explorado diz respeito à presença das normas nos espaços escolares. A maneira como as normas escolares eram construídas nesta escola demonstravam a preocupação da instituição em incluir os alunos nesse processo. Cada classe, no início do ano, rediscutia as normas da escola, para que fosse possível compreendê-las e assumi-las como um contrato coletivo e votava, em uma assembléia de classe, as normas de funcionamento do grupo o que resultava que cada classe, tivesse suas próprias normas.

Normas da 3ª. D

- Levantar a mão para falar.
- Ouvir o colega e a professora sem interromper.
- Não pode chupar balas, mascar chicletes ou tomar lanche durante a aula.
- Não é permitido falar palavrão.
- Não é permitido bagunçar o material do amigo.

- Não é permitido colocar apelido de gozação.
- Não é permitido agredir qualquer aluno.
- Sanções
- *Observação* – Quando o aluno estiver atrapalhando a classe.
- *Gelo* – Quando o aluno continuar atrapalhando o andamento da aula. Quem ficar de gelo não pode conversar com ninguém e também ninguém pode falar com ele.

As normas refletiam o universo das crianças, seus problemas e dificuldades para se inserir no processo coletivo.

Normas da 3ª C

- Quem esquecer a lição de casa fica fazendo no recreio.
- É proibido falar palavrão ou xingar os colegas.
- É necessário ficar em silêncio na hora do trabalho.
- É preciso levantar a mão para falar.
- Não pode jogar papel no chão.
- É importante deixar os escaninhos arrumados e ter cuidado com os materiais.
- Quem desrespeitar as novas regras da classe vai para fora conversar com a diretora.

As regras da 3ª. C foram elaboradas pelo grupo após um momento de muita tensão. A professora era nova na escola e encontrou dificuldade para lidar com a classe que testava freqüentemente sua capacidade de coordenar e colocar limites. Vivia um processo de apropriação da cultura escolar e estava contando com a ajuda das colegas e da equipe técnica, para construir maneiras pessoais de trabalhar com a classe em consonância com os princípios da escola.

Cada professora nova que entrava na escola parecia passar por um ritual de iniciação. Levava um tempo para que ela fosse aceita pelo grupo de colegas e também pelos alunos. Existiam alguns códigos que demandavam um tempo para serem decifrados e compreendidos. Alguns professores assumiam uma atitude de observação e aos poucos iam descobrindo formas próprias de se situar no grupo. Outros não se apercebiam desse processo e cometiam alguns equívocos que dificultavam sua aceitação no grupo.

As crianças e a estruturação do dinamismo patriarcal

Na sala de aula, encontrei indivíduos aproximadamente entre oito e dez anos. O movimento vivido, em tese deveria traduzir-se na busca de estruturação do Ego e numa ampliação cada vez maior da consciência. Como vimos anteriormente, ao nascermos estamos imersos no mundo do inconsciente, a consciência vai se configurando a partir da interação simbólica do Self com o mundo exterior. Uma criança de mais ou menos nove anos tem uma tarefa relacionada ao processo de desenvolvimento a cumprir que consiste na construção e solidificação dessa consciência.

Os limites

A clareza de limites e normas auxilia nesse momento. Quando o Self busca a estruturação da consciência, os limites, sem rigidez excessiva, do mundo externo contribui neste processo.

Realmente encontrei uma busca pelos limites nas atitudes infantis. No entanto, eles parecem tecer movimentos ambíguos nessa direção. Em alguns momentos parecem tentar romper os contratos estabelecidos na sala de aula com: conversas fora de hora, brincadeiras inadequadas e tentativas de não fazer as tarefas. Em outros momentos, no entanto, mostram uma preocupação muito grande com eles. Algumas vezes, a professora procura relativizá-las, evitando expor alguma criança que tenha agido em desacordo com as normas estabelecidas, mas as crianças, no entanto, parecem não aceitar estas situações, exigindo da professora a colocação de limites em qualquer contexto.

Um dia, numa aula de Português: uma menina e um livro de leitura esquecido. Criança quieta, exigente, com uma expressão tensa, tentando acompanhar no livro de um colega ao lado. A professora percebe, mas não marca a situação. Pareceu-me que ela queria poupar uma criança que por si só deveria estar se culpando.

M – A Da esqueceu o livro, tia! Você não vai dizer para ela que não pode esquecer.
Prof. – Eu sei, já anotei, depois converso com ela.
M – quando você vai conversar com ela?

E outra lia em voz baixa, tímida, não conseguia elevar a voz, apesar da professora procurar poupá-la enfatizando que cada um tem seu jeito de ler as crianças lembravam que esta não era a forma correta de ler que a professora tinha dito em uma outra ocasião que era importante ler alto e devagar para que todos pudessem entender.

Nos dois casos as crianças não foram perdoadas, nem pelo grupo que parecia necessitar de clareza e de limites para se estruturar e nem por si próprias, ambas mostravam-se exigentes quanto ao seu desempenho escolar e também comprometidas com o cumprimento dos acordos.

A *exigência*

A exigência em relação ao outro e a si mesmo, apresentou-se como um símbolo muito presente nos espaços pedagógicos observados e se fez notar nas atitudes infantis em muitas situações.

T — Tia, vou apagar este exercício.
A professora vai até ele e pergunta baixinho:
— Por que você está apagando?
T — Porque escrevi bobagem

A professora em tom de voz baixo tentou convencê-lo a não apagar a lição, mas o aluno parece irredutível e insatisfeito com sua produção. O adulto surge muitas vezes como um mediador entre a exigência da criança e o mundo externo, ora marcando para a criança sua excessiva rigidez, ora colocando limites quando o descompromisso com as normas dificulta o trabalho individual e grupal. Pudemos perceber a importância do papel do adulto neste momento. Alguns professores apresentavam uma disponibilidade para acompanhar os movimentos das crianças fazendo intervenções sutis no sentido de favorecer o crescimento, enquanto outros, em alguns momentos, pareciam distante dos alunos e de seus processos interferindo de maneira brusca ou ignorando as necessidades das crianças.

Para um professor que trabalha com um grande número de crianças, simultaneamente, nem sempre estar em sintonia com elas é possível. Algumas crianças parecem ficar ressentidas quando não são atendidas ou compreendidas, enquanto outras, apresentam maiores recursos para lidar com estas situações. Elas são capazes de se posicionar, de reclamar seus direitos e de fazer com que os professores prestem atenção a elas.

As crianças geralmente se mostram presentes, reforçando a professora quanto esta coloca limites quando ele faz algum comentário. Elas procuram ser muito justas: o que foi prometido precisa ser cumprido.

Os tratos feitos precisam ser honrados.

Uma aula de Português — uma discussão sobre narração e diálogos:

R começa a brincar, atrapalhando uma colega que quer falar.
Prof. —R, na próxima vez você tem que sair da classe. Na sua vez você sempre quer ser ouvido!
T — É isso mesmo, R. Você quer ser sempre ouvido, mas não ouve ninguém.

Numa aula de Educação Física, um menino atrapalhava o grupo. Um outro, profundamente incomodado por não realizar a tarefa proposta, logo reclamou. O professor percebeu que era importante sua intervenção e ao invés de chamar a atenção da criança veio até ela, segurou um bastão que o aluno estava utilizando para desorganizar a atividade e, brincando, reorganizou o grupo. As crianças pareciam aliviadas por conseguirem voltar à atividade.

As Polarizações

Foge do alcance da criança dessa idade perceber que algo possa ser pequeno e grande, bonito e feio ao mesmo tempo, dependendo do ponto de referência. Quando uma criança, nesta etapa do desenvolvimento, entra em contato com um fato, ou um objeto parece necessitar classificá-lo e ordená-lo para poder se apropriar dele. A relação dialética entre as polaridades ainda não pode ser vivenciada nesta idade, provocando o aparecimento das polarizações que se constituem em um símbolo a ser elaborado. Algumas relações são muito difíceis de serem estabelecidas.

Exemplificando: uma criança está indisposta e sai da classe diversas vezes, mais do que tinha sido combinado pelo grupo; logo surgem comentários do tipo "ele você deixa", "ele já foi cinco vezes ao banheiro", "eu não levantei a mão para falar e você já brigou, ele sai quantas vezes quer e você não diz nada".

É muito difícil para essa criança entender que as normas são relativas e não absolutas, que existem vezes que elas podem ser modificadas temporariamente, quando isso se torna necessário. Se alguma exceção é aberta, todas as normas passam a não ter mais valor. Percebi que essas questões eram discutidas em assembléias nas quais a criança, a partir da confrontação de suas idéias com as de seus colegas e de seus professores, passava a adquirir mais flexibilidade, e a olhar as situações sob outros ângulos, enriquecendo com isso a sua percepção de mundo adquirindo, também, uma maior consciência de si mesma. O papel do professor nestes momentos é fundamental. Ao não impor sua maneira de ver o mundo, e de resolver conflitos, cria condições para que os alunos, a partir da análise das situações e dos conflitos vividos pelo grupo, se situem nas práticas culturais de seu grupo, mas também desenvolvam maneiras singulares de lidar com problemas. Desta forma a educação individual descrita por Jung pode se efetivar.

O distanciamento entre as polaridades homem/ mulher permeia as relações desta faixa etária. Para cada criança construir sua identidade, parece precisar se afastar do outro sexo. Para o menino que quer se tornar homem, a menina é uma ameaça à sua masculinidade em construção; ela busca ser o que ele não pode ser, e isso gera afastamento e conflito nas relações entre os sexos. As rixas entre meninas e meninos são constantes. Os grupos formados tendem a ser só de homens ou só de mulheres, quando escolhidos livremente. Compor grupos mistos requer muito empenho dos professores que necessitam investir muito tempo em negociações para que isto aconteça.

Em uma aula de Educação Física, os alunos desenvolviam atividades com bastões. Os exercícios eram feitos em grupos. Pude observar que os grupos eram sempre do mesmo sexo. Meninos e meninas não se misturavam, quando o professor tentava compor grupos mistos a reclamação era geral.

Nos recreios, nas entradas e saídas das aulas, também meninos e meninas dessa faixa tendem a formar grupos do mesmo sexo. Cada classe, no colégio escolhia um nome que a acompanhará por um ano. Para a escolha dos nomes eram realizadas votações. Então surgem nomes como Águias Voadoras, Tubarões, Caverna do Brinco Dourado, etc. Naquele ano, uma classe de 3ª série escolheu um nome que refletia o momento vivido nessa etapa de desenvolvimento. Após muita briga entre meninos e meninas para a escolha do nome, um exclamou: "Isto parece uma guerra", outro completou: "É a guerra os sexos", e a classe passou a chamar-se "Guerra dos Sexos". A classe ao lado, também uma 3ª série, após muita discussão optou por chamar-se "Sem Nome". Meninas e meninos não conseguiam chegar a um acordo.

Foi possível constatar que alguns meninos quando tocavam numa menina diziam estar "contaminados" e logo procuravam tocar num outro menino para passar a "contaminação". Isso desencadeava um jogo de atração e repulsa e de experimentação que consistia em tocar o corpo do outro, mas ao mesmo tempo sair correndo com medo dos sentimentos ambivalentes que a experiência provocava.

Percebe-se um movimento de atração e ao mesmo tempo um temor muito grande do sexo oposto. Uma vez um determinado menino brigava, constantemente, com uma menina. Para espanto de todos no estudo do meio, após um esforço sobre-humano convidou-a para dançar e aquela irritação transformou-se, momentaneamente, em atração, para no dia seguinte retomarem o relacionamento costumeiro.

A Busca da Coerência

As crianças cobram constantemente dos adultos coerência, outro símbolo que requer elaboração. Numa semana de avaliação sucedeu de a professora decidir dar lição de casa. Fato inédito até então. Essa decisão foi tomada sem explicações ou consultas às crianças; o grupo imediatamente reagiu:

A— Ah, tia! Você vai dar lição de casa! No mês passado você não deu na semana de avaliação.
Prof. — Este mês mudei de idéia, acho que fazer lição e casa pode ajudar a vocês reverem os conteúdos que estudamos.

O grupo continuou questionando a professora, pois se uma rotina se estabelece, ela vira norma. E, segundo os alunos, deve ser cumprida. A criança, neste momento, busca uma regularidade no mundo para melhor compreendê-lo. Este anseio se faz notar desde a preocupação em encontrar regras ortográficas e o desespero ao deparar-se com mais exceções do que regras, até a necessidade de conviver com um adulto que aja de maneira constante.

Nesta fase, percebe-se uma preferência das crianças pelas disciplinas mais exatas. Às vezes penso se isso não se deve por correlação à necessidade dessa faixa etária lidar com o seguro, com o que é certo ou errado. O que possui diversas nuanças é fluído, apresenta-se, marcadamente, como algo muito incerto para essa faixa etária. Observei um movimento na escola de ao invés de reduzir o mundo em certos e errados, como faz a escola patriarcal tradicional, ir pouco a pouco introduzindo essa criança na relatividade dos fatos da vida. Isso parece ser feito desde cedo, através mesmo dos conteúdos trabalhados.

Exemplificando, uma palavra isolada de um texto pode ser facilmente classificada - branco: adjetivo. Contextualizado, esse branco pode ser um adjetivo ou talvez substantivo: O branco do seu rosto assustou-me. Quando as crianças descobrem estas possibilidades ficam apreensivas, pois percebem transitar em territórios não muito definidos, mas para se situar descobrem que é necessário observar, pensar, intuir e sentir e dessa foram vão ampliando seus recursos para lidar com situações que não se apresentam a princípio tão claras.

Procurar transformar a escola num espaço, onde todas as variáveis são controladas, onde as crianças não se deparem com conflitos e desafios, parece não contribuir para o desenvolvimento da criança. Então um ambiente mais próximo do real, no qual o mundo é apresentado tal como é: ambíguo e rico em nuances, torna-se muito mais rico para o desenvolvimento infantil.

O Dinamismo Patriarcal e os Professores

As atitudes de organização e estruturação foram muito presentes no trabalho de alguns professores. Tais atitudes foram realçadas principalmente em situações onde o material, as atividades e o espaço eram organizados, e onde os limites eram colocados.

Quanto à organização e aos limites, eles podem ser exemplificados numa situação em que uma pesquisa sobre folclore estava sendo discutida.

Prof. — "Agora vamos começar a trabalhar naquela proposta que tínhamos discutido ontem, os cartazes sobre folclore.

Atenção, vamos dividir a classe em grupos. Vamos tentar lembrar o que eu pedi para vocês pesquisarem.

Foi para a lousa anotar o que as crianças diziam.

Prof.— I, P e M, eu preciso de muita atenção! Primeiro vocês vão selecionar todo o material que precisam e, depois do material organizado, vocês vão passar para o cartaz".

As pesquisas tinham sido feitas no caderno de lição de casa, os cadernos circulavam pelos grupos, que delas retiravam as informações necessárias.

No trabalho desta professora foi possível notar a clareza em relação a cada etapa do trabalho. As crianças tinham horários acertados, normas definidas e registradas no mural da sala de aula. Quando alguém as transgredia, tinha claro as conseqüências de seus atos. A rotina escolar era bem definida - horário de correção de lição de casa, como corrigi-la, onde fazer a lição, como guardar os materiais. Essas certezas pareciam trazer segurança ao grupo, que se mostrava crítico, questionador, com um nível de produção muito bom.

O trabalho dessa professora destacou a necessidade de que as atividades em sala de aula sejam organizadas de modo que a função básica da escola, trabalhar com conteúdos culturais, possa ser realizada. Os indivíduos que vêm à escola sabem a que vêm. Esperam que essa Instituição cumpra o seu papel. Quando a escola distancia-se de sua função, gera insegurança e insatisfação nas crianças e em seus pais. O desafio que se impõe é como resgatar símbolos patriarcais fundamentais para o desenvolvimento infantil sem engessar a escola. Para isso precisamos contar com a vivência de símbolos da Alteridade.

O dinamismo patriarcal e suas dimensões sombrias

Em algumas situações, constatamos que as atitudes dos professores se pautavam no dinamismo patriarcal, mas não em seus aspectos criativos, mas sim defensivos. Algumas vezes, o grupo estava desorganizado e desinteressado e a professora ao constatar que as atividades não estavam fluindo, tentava reorganizar o grupo com ameaças e punições. Na situação abaixo, isto pode ser exemplificado:

No meio de uma atividade de correção de lição de casa a classe começou a se dispersar. A professora estava discutindo como utilizar o travessão. Uma aluna tentou fazer uma pergunta, mas não foi possível escutar o que ela queria dizer.

P. – Vamos escutar o que a colega quer dizer! Vamos fazer silêncio!

A aluna tenta explicar sua dúvida, mas não consegue. Algumas crianças começam a falar também.

P – Levantem a mão, um de cada vez!

C. estava totalmente desligado, brincava com um trabalho que ele tinha feito na aula de Artes. T. estava longe se balançando na cadeira. F brincava com massinha de modelar.

P – F, pode sair!

F – O que eu estou fazendo?

P – Você está segurando a massinha e brincando com ela, eu já tinha avisado que não era para brincar com a massinha na hora da correção.

F – Eu não estou fazendo nada.

A professora repetiu a ordem.

P – Saia, F.

Outros alunos estavam dispersos, mas ele foi o único a ser posto fora da classe. Ele saiu cabisbaixo e eu fiquei com uma sensação de que a professora tinha cometido uma injustiça, senti uma vontade imensa de defender o aluno. Ele não me parecia o responsável pelo fracasso da atividade. Já estava no final do período, os alunos estavam cansados e a correção da lição estava muito longa e cansativa.

Entrar nas salas de aula permite-nos constatar que o professor, dentro dos limites impostos pela escola, detém o poder de definir e propor as atividades que serão realizadas pelos alunos, mas nem sempre as crianças estão dispostas a participar da maneira que o professor deseja, portanto nessas ocasiões presenciamos conflitos e tensões. Alguns professores conseguem abrir espaços para negociações, ou mesmo mantém suas posições procurando explicar para os alunos os motivos de sua atitude. No entanto, em algumas situações presenciamos professores perdidos no meio das contestações explícitas e das não explícitas dos alunos como: brincadeiras e desinteresse frentes às quais, sentem-se acuados e para contê-las tentam submeter os alunos com ameaças e punições.

Verificamos que estas atitudes podem até conter, temporariamente, o grupo, mas se estabelece um clima de hostilidade que não favorece aprendizagens.

6. O dinamismo de alteridade: o encontro que pode mudar o ritmo da dança

O antigo ideal masculino de herói conquistador ou rei vê-se agora transformado no papel de buscador ou descobridor.

Em seu novo aspecto, a dimensão feminina aparece com reveladora, guardiã e desafiadora; mediadora do ser como é para si mesma e para o masculino sacerdotisa dos mistérios da vida

Edward C. Whitmont

O padrão de Alteridade, por sua vez engloba padrões matriarcais e patriarcais, mas passa a agir de maneira mais discriminada que os padrões anteriores. Ele aparece como o terceiro incluído. Quando as polaridades matriarcal e patriarcal podem ser acolhidas e aproximadas pela consciência surge um outro padrão de consciência.

Existe na alteridade uma relação livre entre o Ego e o Inconsciente, e essa relação permite à Consciência uma redução das polaridades, formando um padrão dialético de relações. O poema - *Eu não sou você, você não é eu* de Madalena Freire possibilita-nos entrar em contato com a estruturação da consciência em alteridade:

Eu não sou você
Você não é eu
Mas sei muito de mim
Vivendo com você
E você, sabe muito de você vivendo comigo?
Eu não sou você
Você não é eu
Mas encontrei comigo e me vi
enquanto olhava para você
Na sua, minha, insegurança
Na sua, minha, desconfiança
Na sua, minha, competição
Na sua, minha, birra infantil
Na sua, minha, omissão
Na sua, minha, firmeza
Na sua, minha, impaciência
Na sua, minha, prepotência
Na sua, minha, fragilidade doce
Na sua, minha, nudez aterrorizada
E você se encontrou e viu, enquanto
olhava para mim?

Eu não sou você
Você não é eu
Mas foi vivendo minha solidão
que conversei com você
E você conversou comigo na sua solidão
ou fugiu dela, de mim e de você?
Eu não sou você
Você não é eu
Mas sou mais eu, quando consigo
Ver-lhe, porque você me reflete
No que eu ainda sou
No que já sou e
No que quero vir a ser...
Eu não sou você
Você não é eu
mas somos um grupo, enquanto
somos capazes de, diferencialmente,
eu ser eu, vivendo com você e
você ser você, vivendo comigo.

Tornamo-nos mais disponíveis para compreender nossos desejos e necessidades bem como para acolher os anseios do outro. É na adolescência que os arquétipos da anima e do animus se tornam mais ativos. É nessa época que o indivíduo procura reivindicar um relacionamento igualitário entre as pessoas. A possibilidade de uma maior vivência desses aspectos depende do ambiente social onde vive cada um. Se houver a predominância acentuada de qualquer um dos padrões parentais, eles tenderão a absorver as manifestações de alteridade. Podemos encontrar famílias que vivem com muita intensidade o dinamismo patriarcal e que impõe estas vivências aos seus filhos impedindo-os de transitar por outros dinamismos.

O adolescente procura aproximar-se da "turma" composta por companheiros de idade próxima e afastar-se da família em busca de sua própria identidade e de seu lugar no mundo. Podemos comparar a adolescência a um período de travessia: o território da infância precisa ser abandonado e o da idade adulta ser conquistado. Esta travessia implica coragem e heroísmo por parte do jovem que necessita abandonar suas referências e por um tempo viver em mar aberto a mercê de suas vicissitudes.

No campo da política, procuram-se interações dialéticas, onde as polaridades participem do poder. Seria a busca de um padrão efetivo de democracia. É a possibilidade de valorizar a igualdade, a liberdade, o respeito aos outros e ao bem comum. Mas não podemos confundir essa busca com uma liberação sem limites, pois a liberação total do que antes foi reprimido leva à confusão, à desorientação, à perda de identidade e ao caos, que conduz ao recrudescimento e até ao fortalecimento de aspectos defensivos do dinamismo patriarcal.

Isso mostra que a alteridade não é a ausência de limites, mas um padrão e consciência que pode articular dialeticamente os dinamismos matriarcal e patriarcal, conservando o que este último tem de criativo, a discriminação do Eu e do Outro, a conquista da identidade.

Os arquétipos que regem a alteridade são o do Animus e da Anima, já mencionados anteriormente. São arquétipos que simbolizam a interrelação. Nesse padrão de consciência evidencia-se a maior relação entre as polaridades, tais como: consciente/inconsciente, mulher/homem, certo/errado, objetivo/subjetivo. Apesar de existir nos outros ciclos a busca da individualidade, é na Alteridade que ela se torna mais profunda. O indivíduo se percebe com mais clareza e passa a ter também uma percepção mais nítida do Outro. Ao poder sair de si mesmo, cria regiões de encontro e de valorização de outras realidades. A ciência também se modifica dentro de uma visão de Alteridade. O pesquisador por atingir um nível de consciência discriminado, capaz de se aproximar sem se perder no outro pode relacionar-se com o objeto de sua pesquisa, abandonando posições rígidas e preconceitos, não abandonando, no entanto, a relação mais ampla e verdadeira com o saber científico.

A *Educação e a Individuação*

Ao se referir ao terceiro tipo de Educação que denominou de "Educação Individual", provavelmente Jung estava pensando em um tipo de educação que,

111

de uma certa forma, introduzisse os sujeitos na vivência da individuação. Ele via nesta modalidade de Educação uma possibilidade de respeito às singularidades e de favorecer a autonomia ao invés da acomodação aos padrões sociais.

Podemos relacionar esta modalidade de Educação ao Dinamismo de Alteridade que se traduz no símbolo do encontro. É neste padrão que o professor pode se abrir para os alunos e estimulá-los a ir ao encontro do outro e do conhecimento.

A Alteridade e a Instituição

Como dissemos anteriormente, sentíamos com muita força a constelação do dinamismo de Alteridade na escola. A instituição pesquisada buscava uma nova maneira de se organizar. Olhava para as crianças e os via como seres inteligentes criativos com possibilidade de sentir e pensar. Esta atitude de respeito aos alunos, mas também aos bens culturais desafiava a equipe pedagógica a estruturar um ambiente no qual a liberdade convivesse com a responsabilidade e o respeito.

A produção do material pedagógico

Essas tentativas se faziam presentes na produção de material pedagógico que pode ser visto como um símbolo. Ele era produzido para crianças específicas: quando se estudava o bairro, era o bairro onde elas viviam. O início da compreensão de processos históricos se dava a partir da recuperação das histórias de vida dos alunos. A aprendizagem da escrita tinha início com a escrita do próprio nome. Os primeiros textos de leitura consistiam em histórias produzidas, coletivamente, pelo grupo e registradas pelo professor. A aprendizagem escolar referendava-se em processos de autoria e não de cópia. O que nos permitia reconhecer a presença da alteridade na escola.

Construíam o conhecimento a partir de pesquisas e de entrevistas, prontos a abrir mão dos materiais prontos e genéricos, traduzia-se em uma tentativa de criar situações de aprendizagens articuladas às necessidades e aos desejos das crianças. A vida de todo o dia era recebida na escola e não deixada de fora, trocada por materiais distantes das vivências das crianças.

A ausência do uniforme

Podemos percebê-la também, quando observamos que o uniforme não é obrigatório. Cada um pode usar a roupa que exprime sua individualidade. Aprender, era visto como um ato que requer singularidade e não necessariamente a igualdade e uniformização.

A presença da Alteridade se revela também na aula de Artes, quando as crianças saiam da sala tradicional e iam para uma casa ao lado do prédio principal e neste espaço experimentavam a possibilidade de aprender em espaços organizados de maneira diversa de uma sala de aula comum. Neste local a livre expressão é acentuadamente possível; a utilização de diversos materiais — argila, sucata, madeira, lantejoulas, tintas, papéis e colas permite a cada um traduzir emoções e idéias particularizadas.

A construção, a descoberta e a socialização do conhecimento

A metodologia de trabalho proposta pela instituição valorizava a construção, a descoberta e a socialização do conhecimento, salientando a necessidade da criança produzir com individualidade e tomar consciência de seus caminhos para aprender. Eram criadas situações na escola onde o conhecimento era conquistado através da experiência, da observação.

Os estudos do Meio podiam ser considerados um bom exemplo. Observamos um na área de Ciências quando as crianças visitaram o Exotiquário, para o estudo da vida na água. Lá, foram recebidas por uma bióloga que respondeu perguntas sobre o boto cor-de-rosa. Ela contou que recentemente um filhote tinha morrido. Esse tema mobilizou o grupo que resolveu saber mais a respeito.

Aluno — "Por que o filhote morreu?

Bióloga — Ele morreu por causa de um parasita. Ele perfurou o pulmão do boto e causou uma pneumonia. Ele tem olho pequeno, mas tem um sonar para perceber obstáculos. Vocês sabem a diferença entre o boto e o golfinho?

A — Golfinho é mais rápido?

B — Também.

A — Quais as outras?

B — Os olhos, o bico e a coluna do boto que é mais flexível.

A — Quando o filhote morreu?

B — Há três meses atrás.

A — Tinha alguém quando ele morreu?

B — O técnico viu. Ele ficou no fundo, a mãe tentou levá-lo até em cima para respirar, mas não foi possível.

A — Como os filhotes mamam?

B — O filhote bate na vagina da mãe que solta leite na água e o filhote bebe o leite misturado com a água.

A — Já nasceu algum botinho aqui?

B — Nunca, os botos se reproduziram no cativeiro.

A — Porque vocês quando salvaram o boto que estava numa água rasa, não o soltaram na água funda, em vez de prender aqui?

B — Para estudar é preciso ter botos no cativeiro".

Com base na observação do boto e na conversa com a bióloga, as crianças iam obtendo as informações que desejavam. Foi muito interessante perceber como os alunos voltavam para o tema que desejavam aprofundar, apesar da bióloga pretender dar outra direção a entrevista. Eles eram capazes de criticar e de questionar. Não estavam muito convencidos com o fato do boto ter sido retirado do seu habitat.

A autorização para pensar e externar os pensamentos

Acompanhando o trabalho realizado em sala de aula, foi possível constatar um espaço para que as crianças pudessem pensar e externar suas opiniões. Um dia em uma aula de Matemática uma professora escrevia problemas na lousa para as crianças resolverem:

Sabemos que estamos no ano de 1987 e que minha mãe tem 57 anos. O que devemos fazer para saber o ano em que ela nasceu?
Enquanto as crianças copiavam, conversavam.
L – Pulei um monte de linhas. Quantas era para pular.
F – Está escrito na lousa.
L – Dane-se, agora já foi.
M – Puxa tia, sua mãe é velha!
T – Minha avó tem 63 anos, ela é mais velha.

A – Eu não vou escrever que minha mãe tem 57 anos, a minha mãe é mais moça. Eu vou escrever que a mãe da professora tem 57 anos. Tá bom tia?

E o assunto idade da mãe, da avó e da tia tomou conta da classe. Os alunos passaram a calcular as diferenças de idades existentes entre suas mães e pais e fizeram muito mais cálculos do que os propostos pela professora.

A *abertura para a comunidade*

Na semana do colégio, a instituição abre-se à comunidade: escritores, artistas plásticos e também pais vêm à escola para junto das crianças realizarem trabalhos. Também os alunos se organizam para realizar teatros, exposições e ludotecas, para receberem colegas de outras classes.

Uma terceira série organizou um teatro para as outras terceiras séries. A peça tinha sido escrita pelas crianças, baseada na lenda do Curupira. Ela se iniciava com uma introdução a respeito da situação dos índios no Brasil. Um aluno leu a introdução e teve início o trabalho. A platéia era da 3ª série C que estava vindo de uma outra atividade: uma exposição realizada pela 3ª série B.

Estas atividades tinham demandado pesquisa, criatividade, mas também esforço. Eles podiam apresentar suas descobertas e aprendizagens usando seus corpos pintados com cores vibrantes realizando movimentos e entoando canções.

A *avaliação*

Em uma escola tradicional regida pelo dinamismo patriarcal a avaliação transforma-se em uma situação de tensão que provoca angústia e sofrimento nas crianças.

Constatamos que nesta escola a avaliação podia ocorrer de outra maneira. Ela não se restringia a uma prova escrita lida por um professor, mas acontecia a partir de um trabalho coletivo que envolvia professores e alunos que participavam das atividades.

Observei muitas vezes alunos participando dos processos de avaliação. Eis a afirmação de uma aluna, após ter lido a redação da amiga:

— Gostei muito do que você fez nas férias, sua história está muito bonita!

O despertar da Alteridade nos alunos: a confluência dos dinamismos

Muitas vezes identifiquei a presença do Dinamismo Matriarcal e do Patriarcal sendo vividas simultaneamente: uma criança copiando a lição da lousa tentando cumprir suas obrigações escolares, enquanto brincava com o colega ao lado ou jogava papel no menino da frente. Os dois dinamismos estão presentes, mas um ao lado do outro. Existe uma outra possibilidade que é o encontro entre os dois, quando isto ocorre podemos alcançar um outro patamar de consciência.

Quando não é criado um espaço para que isso aconteça de maneira integrada, a criança por si só busca esse espaço. E o faz às vezes de maneira inadequada, na visão do adulto, que rotula a atitude infantil como dispersão ou indisciplina. Algumas vezes essa resistência da criança denota uma dificuldade em respeitar os acordos realizados na classe. Outras vezes é possível perceber que uma exigência excessiva da escola, que organiza em demasia o ensino, afastando as polaridades brincar e aprender provoca uma resistência do aluno que dificulta seus processos de aprendizagem.

Algumas vezes, conversando com pais ouço expressões como: "Estou preocupado, meu filho vem à escola como se fosse a um clube. A escola não pode ser um lugar para brincadeiras. A escola é um lugar sério, é um lugar para aprender".

Concordo com esse pai quando diz que a escola é um lugar para aprender, pois essa é sua função principal, mas fico a pensar: Será que a aprendizagem requer somente seriedade e esforço? Será que o espaço para o prazer e o lúdico não é fundamental? Penso que essa é uma questão ainda a ser resgatada pela nossa sociedade, que parece possuir uma matriz de escola seriosa e inadequada ao nosso momento, mas reluta em transformá-la.

Assistindo ao filme "O Nome da Rosa", baseado no romance de Umberto Eco, podemos até estabelecer algumas relações. Esse filme se passa na Idade Média, num mosteiro medieval. Alguns monges começam a morrer de maneira estranha, e o enredo é a tentativa de resolver o enigma.

Por fim, descobre-se que a causa da morte era envenenamento, que ocorria devido ao fato do livro "A Poética", de Aristóteles, estar escondido num compartimento secreto da biblioteca, juntamente com outras obras consideradas perigosas para a época. Este livro tinha suas páginas envenenadas e quando os que o liam levavam o dedo à boca para molhá-lo e assim virar as páginas, envenenavam-se também.

O livro de Aristóteles era proibido porque tratava do humor, da comédia, e nesse mosteiro era até mesmo proibido sorrir. O prazer era visto como algo ameaçador e banido em nível de consciência. Como banir o prazer é algo impossível, ele passa a ser buscado de maneira sombria pelos monges. Restam resquícios desse temor na escola atual. O prazer e o desejo são vistos com desconfiança e considerados empecilhos para a aprendizagem. Parece que acreditamos que para alcançar o conhecimento temos que pagar um preço. O preço da alegria e da brincadeira.

O espaço para que os dois dinamismos se encontrem e transformem a escola parece estar presente na escola atual. Isso pode ser constatado na aula de Artes. Aqui descontração e alegria encontram-se com o trabalho, com a vontade de produzir a aprender.

A aula de Artes acontecia no Colégio, numa casa especialmente reformada para tal. A casa era composta por quatro salas: uma para sucata, uma para madeira, uma para argila e pintura e outra para teatro. Excetuando a de teatro, que possui como mobília um espelho e um armário para roupas, as outras possuem mesas grandes com cavaletes, e armários para materiais. Esta casa também possuía uma varanda que é usada para teatro.

No dia em que as observava, as crianças vinham das diversas salas, em direção à sala de teatro. Foram se sentando em círculo, no chão.

Era a roda que finaliza todas as aulas de Artes. Nessa roda as crianças expõem e explicam seus trabalhos, os colegas os observam e fazem críticas. A maioria das crianças já estavam sentadas no chão da sala de teatro. Algumas seguravam no colo o trabalho, outras já os tinham colocado no chão, ao seu lado. A professora também sentou na roda. Fábio e Daniel continuavam a jogar com pedaços de madeira transformadas em raquetes e com uma bola feita de papel alumínio amassado.

Professora — Quem quer falar sobre o trabalho?
Daniel — Eu falo. Eu fiz uma caravela.

Professora — Pirata?

Daniel — Não, ela tem vela preta porque só tinha papel preto.

O aluno pode se opor ao que a professora dizia e explicitar o significado de seu trabalho para que isso fosse possível ele necessitava se sentir seguro. O grupo nesta situação se mostrava solto, à vontade, a atmosfera era de descontração.

Constatei o prazer em harmonia com o aprender numa aula de Matemática em que as crianças fixavam a tabuada jogando baralho. O jogo era realizado em duplas e consistia em dividir o baralho em dois montes. Cada jogador virava duas cartas, multiplicado os dois números. Ganhava o que obtinha o maior produto. Quem não sabia o resultado podia consultar o caderno por três vezes. O jogo despertava entusiasmo e alegria.

Foi possível notar que essas atitudes e vivências acontecem com maior ou menor freqüência, dependendo do espaço encontrado pela criança. O adulto, considerando-se sua maior ou menor flexibilidade, pode auxiliá-la ou não, na vivência desses processos.

A possibilidade de acolher o outro

Em uma aula de Português presenciei uma atividade que consistia em escrever bilhetes para Rachel, personagem do livro "Bolsa Amarela", de Lygia Bojunga Nunes.

Rachel escreveu uma carta a um amigo imaginário, André, contando suas dificuldades de relacionamento com a família e seus sentimentos de rejeição. Foi proposto às crianças como atividade de Língua Portuguesa, responder a carta de Rachel, como se fossem o amigo dela. Foram estas algumas das respostas:

Querida Rachel li sua carta, gostei muito dela, de sua letra. Gostei também do que você escreveu nela.
Gosto quando as pessoas me falam seus segredos pode confiar em mim.

Mê

Prezada Rachel,
Não ligue para isso que elas estão falando, pelo menos você é uma escritora.
Um abraço, Dê

Rachel você não é tratada de um jeito estranho para mim, sabe por quê? Eu já senti isso.
Quando minha irmã nasceu eu senti um pouco de ciúmes, mas agora não tenho mais.
Será que suas irmãs não têm ciúmes de você?
Gê.

Nesses bilhetes é notória a possibilidade de acolher o outro. As crianças frente a uma outra criança, mesmo fictícia, que se encontra numa situação de abandono e solidão, assumem uma atitude de empatia e proteção e conseguem expressar seus sentimentos, buscando consolá-la.

Quando Gê consegue colocar-se no lugar das irmãs de Rachel e clarificar para ela que suas irmãs devem estar sentindo ciúmes, enfim quando as crianças já demonstram a possibilidade de empatizar, talvez possamos dizer que o Dinamismo da Alteridade começa a se constelar.

Isso se torna possível quando é criada uma situação de aprendizagem onde dimensões cognitivas e afetivas entram em confluência. Ao mesmo tempo em que a criança está aprendendo a escrever um bilhete - atividade que implica na utilização da razão, no conhecimento e respeito às normas gramaticais e uma lógica a ser respeitada - ela está lidando com o mundo simbólico onde as relações não são mais pautadas na cognição mas sim no mundo dos afetos.

Quando a criança pode perceber que a escrita não é algo que ela faz para tirar uma nota ou para mostrar para o professor, mas uma forma de poder registrar o que pensa, sente, imagina e deseja, ela rompe com uma forma de aprender patriarcal e entra em contato com uma forma criativa de aprender que se aproxima da Alteridade.

Em um outro momento em uma aula de Ciências, a última do semestre, as crianças terminavam um trabalho. Os alunos estavam sentados normalmente nas carteiras trabalhando. Alguns estavam concentrados, outros conversavam.

124

L.F. — Faz anos que meus pais se separaram.

M.A. — Seus pais se separaram? Os meus também.

T.O. — Por que eles se separaram? Foi briga?

L.F. — Os meus não brigaram.

M.A. — Os meus brigaram.

T.C. — É duro, né? Quando briga é melhor, às vezes fazem as pazes.

Conversando as crianças vão compartilhando suas experiências e as elaborando T.C parece ter compreendido que as situações onde as emoções, mesmo as menos aceitas socialmente estão presentes, denotam a existência de vida e de ligação entre as pessoas e isto pode provocar movimentos de aproximação. A partir deste ponto de vista a inexistência de brigas pode não ser um bom sinal. Ter consciência do que sente e poder expressá-lo transforma-se numa rica experiência para os alunos que não aprendem, somente, os conteúdos das disciplinas, mas realizam aprendizagens existenciais que dizem respeito a aprender a relacionar-se com os outros e consigo mesmos.

A possibilidade de acolher a si mesmo

Pudemos observar que os alunos eram estimulados a descobrir suas história a mergulharem no seu mundo interno ao mesmo tempo em que descobriam o mundo que os rodeava. Uma professora propôs que as crianças respondessem algumas questões, tais como: Em que cidade você nasceu e qual é a data do seu nascimento? Quem escolheu seu nome e, por quê? Você tem algum apelido carinhoso? Quer nos contar? Você gosta dele?

As crianças copiavam a lição e comentavam:
— Tia, você está fazendo uma reportagem?
— O meu apelido não é nenhum pouco carinhoso...

Eles pareciam muito entusiasmados com o tema da lição de casa. Alguns contavam detalhes sobre a escolha de seus nomes. O trabalho com o nome, aparentemente tão simples, guardava uma importância muito grande, ele parecia criar espaço para que cada um entrasse em contato com sua história e desde a mais tenra idade fosse se percebendo como um sujeito singular com marcas próprias que o diferenciava e o aproximava de seus companheiros.

Pudemos perceber, nessa atividade, um envolvimento diferente por parte dos alunos com a aprendizagem. Eles pareciam querer descobrir suas histórias e também a de seus colegas. Eles se descobriam autores com conteúdos a serem transmitidos. Desta forma era possível transitar entre as polaridades ensinar e aprender. Neste momento, assumiam o lugar do professor, transmitindo para os colegas e para a professora suas experiências. Parece ser este o conhecimento que fica retido, por que ele não foi algo que passou ao largo, mas sim que foi vivido com intensidade, por isso não é facilmente esquecido.

A vivência da Alteridade e os professores

Retomando o referencial teórico, consideramos os professores que deveriam estar vivendo a Alteridade do ponto de vista individual, uma vez que todos tinham mais de 24 anos e já tinham vivido a adolescência, momento onde a Alteridade começa a constelar-se.

Observemos que o fato do indivíduo estar vivenciando a Alteridade não significa que ele tenha abandonado os padrões anteriores e sim que está relacionando-se com eles de maneira equilibrada. Segundo Byington:

> O estudo do desenvolvimento simbólico da personalidade evidenciou a existência de tipos psicológicos de dominância matriarcal e patriarcal e, por isso, qualquer preconceito a favor de um dinamismo ou de outro prejudica a compreensão do desenvolvimento da personalidade do outro tipo. Isto para não falar no importantíssimo fato de a mulher, historicamente, ter sido depositária do dinamismo no Matriarcal e o homem no Patriarcal (Byington, 1987, p.44-45).

Os professores transitavam entre os diversos dinamismos e o dinamismo de alteridade também se fez presente no trabalho dos quatro professores. Ele parece ter se revelado em diversas situações na relação professor/aluno, na correção dos textos das crianças. As redações são corrigidas pelo professor, a lápis, e as observações são escritas em forma de bilhetes, que são colecionados pelas crianças no final da pasta.

Nos bilhetes dos professores são feitas avaliações qualitativas, também são registradas as palavras escritas de maneira inadequada, o que permite à criança recorrigir no texto. O professor não interfere, não "rabisca" o texto da criança, a produção espontânea é respeitada, no sentido de que a criança também respeite sua produção.

06/08/87

De: Ro
Para: Da

A Branca de Neve e os Sete Anões.

Da, estou muito feliz de acompanhar o seu desenvolvimento na escrita.
Você já está lembrando de separar a história em parágrafos e de colocar ponto final. Agora suas histórias estão mais explicadas e você está variando mais os temas. Isso é ótimo!

Falta prestar atenção para o travessão (—) sempre que tiver conversa entre os personagens,
Ah, lembre-se também que cada fala deve ser separada por parágrafos.

Gostaria também que você soltasse mais as idéias, criando outras histórias diferentes, porque essa você só recontou!

Observando a relação desta professora com o trabalho da criança podemos perceber que ela articula os dinamismos matriarcal e patriarcal o que favorece a presença do dinamismo de Alteridade. Está conectada com as relações que estabelece com os alunos, parece perceber que o vínculo estabelecido pode potencializar as aprendizagens. Tem clareza que não é necessário fazer uma escolha entre cuidar dos vínculos inter-subjetivos ou cuidar da aprendizagem dos conteúdos escolares. Ao entrelaçar estas dimensões, possibilita que os alunos realizem aprendizagens existenciais está atenta à construção de um espaço subjetivo que se constela na relação com os alunos, mas não descuida de seu papel de professora que tem um compromisso também com os conteúdos que estão sendo desen-volvidos em sala de aula.

Ela não usa caneta na correção e sim lápis. Fazendo uma leitura simbólica. Do ponto de vista ra-cional, a caneta é mais prática, ela se destaca no trabalho da criança, ficando mais fácil a correção. Mas do ponto de vista simbólico, ela representa a dominação do adulto sobre a criança, da maior importância do saber do professor sobre o saber do aluno.

O adulto pode usar a caneta porque ele é o que não erra e a criança deve usar o lápis porque o faz constantemente. Quando o professor faz essa opção e busca colocar-se próximo à criança, respeitar o seu trabalho, mostra que sua interferência tem o sentido de auxiliar a criança no processo de crescimento e não somente apontar seus erros e provocar constrangimentos.

Observando outra professora, foi possível constatar a busca de estratégias que aproximem a criança da aprendizagem, que as façam valorizar o produto do seu trabalho e do colega.

Numa aula de Português as crianças tinham feito uma atividade em dupla. Uma lia a redação do outro e após a leitura escrevia um bilhete para o amigo. Após a escrita dos bilhetes, aconteceu a leitura das redações. Cada um lia a redação do colega e o bilhete que tinha escrito.

Eis aqui alguns bilhetes das crianças:

"Eu achei sua história super legal, mas precisa melhorar na pontuação".

"Suas férias foram legais, você escreveu bem sobre elas".

"Sua redação está legal, você escreveu pouco mas foi o que você conseguiu".

Em seguida às leituras, a professora avaliou com o grupo a atividade.

Prof. — "O que vocês acharam dessa atividade?
L - Foi legal.
Prof. - Por quê?
L - A gente aproveitou o tempo, em vez de ficar estudando, a gente leu as redações.
Prof. - A gente não estudou?
L - Estudou gostoso.
Prof. - Vamos pensar com o que trabalhamos: com leitura, pontuação, ortografia e escrita. Nós não estudamos?
L - Mas foi legal!"

Aqui podemos perceber algo que já discutimos anteriormente, A própria criança às vezes acredita que estudar seja fazer atividades desagradáveis, cansativas; o que dá prazer não é considerado aprendizagem.

Resgatar esses espaços para o prazer na escola, o prazer identificado com a paixão pelo conhecer, com a vontade de aprender e não um prazer identificado com o não fazer nada, com o marasmo, é um momento importante na escola atual.

As Manifestações Sombrias da Alteridade

A relação entre os dinamismos parece se estabelecer num nível tencional e dialético. O dinamismo de Alteridade envolve o resgate do reprimido e esse resgate pode levar a uma liberação muitas vezes prejudicial à própria constelação do Dinamismo de Alteridade. Segundo Byington:

> "Outro, desvio comum da Alteridade que prejudica sua implantação, é a vivência que freqüentemente ocorre após a liberação do reprimido/oprimido de que, daí por diante, imperará a liberdade sem limites. Isto vem ocorrendo em ondas inovadoras em várias dimensões da Cultura como, por exemplo, na pedagogia e no casamento. Na década de 1950, por exemplo, a sociedade americana de pós-guerra atravessou uma onda de liberalização que propiciou a pedagogia sem limites. O resultado não foi a felicidade que se esperava e sim a ocorrência freqüente da desorientação do adolescente com a exacerbação não rara dos estados delinquenciais (Byington, 1983a, p.171).

Algumas vezes observamos na escola situações que evidenciavam essa tensão. Constelavam-se situações nas quais os professores ao tentar respeitar os alunos e possibilitar a eles liberdade e autoria passam a ser desrespeitados pelos alunos que cerceiam sua liberdade.

A vivência da Alteridade configura-se em um jogo que pressupõe alargamentos e estreitamentos que exigem dos envolvidos, elaborações constantes para que esse jogo possa se constituir em um processo criativo de crescimento para todos.

7. O quarto fio:
o dinamismo cósmico

O último dinamismo a se estruturar é o Cósmico – um padrão de intensa união com a natureza. É uma fase caracterizada pela contemplação e transcendência. Tudo é como um todo único. Podemos citar Gandhi como um exemplo de pessoa que atingiu o padrão cósmico.

No ciclo cósmico existe uma relação direta entre a Consciência e o Arquétipo Central. Os símbolos que revelam o ciclo cósmico mostram a totalidade do processo. Existe uma transcendência de polaridades, apesar de poder se manifestar precocemente, como no caso de jovens que abraçam a vida monástica. Tal ciclo tende a ser vivido por pessoal no final da vida, quando a proximidade da morte move a psique para o encontro com o Cósmico.

Para tornar mais claro esse padrão, selecionei um trecho do livro "o Segredo da flor de ouro", que versa sobre como cultivar a vida, mostrando ao homem caminhos para o encontro da mente em seu próprio corpo e como transformá-lo em força. Esse trecho fala da experiência cósmica de transmutação.

> Todo pensamento parcial se configura e se torna visível em cor e forma.
> A força anímica total desdobra suas marcas e se transforma no vazio.
> Saindo do ser e entrando no não-ser se consuma o maravilhoso Tao.
> Todas as formas divididas aparecem como corpos, ligados a uma verdadeira fonte (Jung e Wilhelm, 1983, p.141).

É um padrão muito difícil de ser entendido na medida em que ainda não foi alcançado em nível de consciência pela grande maioria de nós.

Nesta pesquisa não me detive na exploração da presença deste dinamismo na escola, fiz esta opção por estar lidando com uma faixa etária que vive com intensidade a estruturação dos dinamismos anteriores. Apesar de sua presença não ser constante nas escolas de Ensino Fundamental, ele é introduzido na escola por algum acontecimento como, por exemplo, o falecimento de um aluno ou de um adulto significativo. Essas vivências podem estimular um grupo de alunos ou um aluno individualmente a ter que enfrentar problemáticas que são mais próprias a fases mais tardias da vida.

Em uma ocasião vivemos uma experiência na escola que nos impactou bastante: um aluno da 3ª série faleceu após ter sido submetido a uma cirurgia. Os colegas de classe ficaram perplexos, não conseguiam compreender e aceitar que o colega que estava com eles na semana anterior não freqüentaria mais a escola. Tivemos que elaborar com o grupo o tema da morte precoce de uma criança e também pensar na participação das crianças nos rituais de despedida que implicam em sofrimento e luto por parte dos familiares e amigos.

Esse processo envolveu os pais, professores e equipe técnica da escola que coletivamente elaboraram a situação e pensaram em como acolher os alunos nesta situação.

Nessa ocasião percebemos que um outro padrão arquetípico estava constelado na escola. Não estávamos conectados com os problemas do dia a dia, mas sim com questões existenciais que atravessam o cotidiano e nos obrigam a lidar com fenômenos que não são assimilados com tranqüilidade pela nossa cultura.

8. Refletindo sobre o percurso

Havia um objetivo inicial: buscar um novo referencial teórico para a Educação, descobrir se era possível realizar uma leitura arquetípica da escola. Ao finalizar o percurso, competiu-me a reflexão sobre o caminho percorrido e sobre as descobertas realizadas.

Era importante detectar o momento vivido pela Educação na década de 80; época de muita efervescência e transformação. Foi possível perceber que a escola dita Tradicional, bem como a escola denominada Liberal, alternativa, provocavam discussões e mobilizavam a sociedade. As duas pareciam não atender as expectativas. Ansiava-se por uma outra possibilidade. Muitas vezes, as escolas se defrontavam com um sentimento de fracasso e desesperança. Viam-nos sem alternativas sobre que rumo tomar e para se pensar em saídas era necessário consciência da situação vivida.

A escola Tradicional parece-nos refletir uma estruturação Patriarcal. Nascida com o intuito de transmitir e conservar valores culturais e morais atendeu aos nossos anseios por muito tempo. Aos poucos começamos a questioná-la e aos valores que a tinham gerado. Uma parcela da sociedade brasileira que tinha vivido sua adolescência no final da década de 60 e no início da de 70, tempos de ditadura e de cerceamento de liberdade, passou a desejar uma estrutura social mais igualitária e democrática. Esses anseios invadiram a escola e surgiram novas propostas que visavam proporcionar experiências pedagógicas diferenciadas nas quais a democracia e a liberdade estivessem incluídas.

No desejo acentuado de permitir vivências democráticas e prazerosas, de diminuir as desigualdades entre adultos e crianças, em algumas situações criou um espaço para excessivas liberações. A liberação do anteriormente reprimido não proporcionou as mudanças esperadas, mas muitas vezes introduziu confusão, a perda de identidade.

Após termos experimentado processos de liberação excessiva da escola e seus desvios, restava-nos detectar novos caminhos e tentar novas propostas.

O mundo contemporâneo nos fala de novas possibilidades. A Física passa a compreender o Universo se inter-relacionando dialeticamente. Também a Medicina procura cada vez mais entender a relação psique/soma, começa a perceber as doenças não como produto de um órgão físico, mas fruto de um desequilíbrio mais amplo. A Política, por sua vez, está sacudida, os velhos políticos caíram em descrédito e faz-se necessário o surgimento de novos modelos, de novas interações em nível de poder.

Essas novas tendências, como pudemos perceber no decorrer deste trabalho, também se mostram na Escola.

E talvez ela aponte para uma conquista no que se refere aos novos padrões de relacionamento que lentamente começam a surgir. Podemos perceber que a Educação assume diferentes facetas, Ela pode ocorrer a partir de processos identificatórios, a partir da transmissão de conhecimentos e pode também acontecer ancorada em um padrão de consciência de Alteridade que reconhece a existência e a importância das múltiplas formas de aprender, mas percebe a educação como processos de encontros e de construção de sentidos. Nesta perspectiva alunos e professores se aproximam, abandonando a enorme distância existente entre eles na escola patriarcal, porém guardando suas identidades e suas diferenças; e passam a viver sua dualidade em uma unidade: o processo ensino-aprendizagem.

Talvez outra possibilidade de conquista da escola atual seja focar seu trabalho no sentido de uma ampliação cada vez maior da consciência, tanto individual como social, não só do aluno, mas também do professor, pois ambos participam do processo e assim ambos se transformam.

Aprender não significa mais, em algumas escolas, reproduzir conhecimentos, memorizar fatos incompreensíveis. Aprender pode ser visto como uma capacidade cada vez maior de construir sentidos para o mundo em geral e o seu próprio mundo. Para isso é necessário ter, a oportunidade de observar a realidade, de agir sobre ela, manipular o seu conhecimento.

É possível perceber que só a leitura e a escrita, grandes conquistas patriarcais, não são os únicos instrumentos da aprendizagem. Pode-se aprender com todos os órgãos do sentido. Além de ver o mundo, é necessário cheirá-lo, tocá-lo, ouvi-lo e degustá-lo. Necessitamos estar inteiros para aprender. Para que possamos jogar com a aprendizagem, necessitamos das Artes, das Ciências da Filosofia e também das Tradições.

Então a pergunta inicial:

"É possível utilizar a psicologia analítica como referência teórica para ler a escola?"

Acredito que o próprio trabalho responde à questão. A Psicologia Analítica pode contribuir de maneira significativa nesse processo que vivemos de ampliação de nossa consciência. Esta pode ajudar-nos a desvelar o mundo do inconsciente, mundo das relações pautadas nos símbolos, até agora pouco investigados pelos educadores.

E ao finalizar este livro, ponho os olhos sobre o percorrido e constato: meu objetivo primeiro era conhecer mais profundamente a escola, tomar consciência de seus movimentos. Intuitivamente percebia e hoje verifico que para podermos contribuir na transformação da escola primeiramente precisamos conhecê-la, não um conhecimento superficial, mas aquele conhecimento profundo do caminho que ela vem percorrendo e da relação que ela estabelece em um movimento mais amplo, o social.

Se não estivermos mergulhados nas suas marés, encharcados de sua vida, não poderemos ousar transformá-la. Pois ela, em sua sabedoria mais ampla, quando se vê modificada de maneira externa e abrupta apenas afasta-se um pouco de seu leito. Mas a qualquer momento retorna para o seu curso. Não por ser uma entidade independente com um destino próprio, mas por constituir-se como uma instituição sincronisticamente ligada ao social — o qual ela reflete e serve. Seus objetivos e desejos não são de uma minoria, mas sim da comunidade a qual pertence.

Eu, como muitos educadores, desejava e desejo contribuir para um amadurecimento da escola, gostaria que ela cada vez mais definisse e cumprisse o seu papel. E para poder cumprir o meu papel de educadora, precisei aprofundar meus conhecimentos sobre ela.

Dessa necessidade surgiu este trabalho, que não foi o final de um processo, mas um ponto de partida. Dei continuidade a minha trajetória de pesquisadora ancorada em perguntas que abriram novos espaços de reflexão e pesquisa. Elas me remeteram a investigar a Formação de Professores e a Aprendizagem dos Adultos (Furlanetto, 2004) e a Pesquisa Simbólica (Furlanetto, 2005). Olhando para o caminho, percebo que existe um fio condutor: participar dos movimentos tecidos pela escola no sentido de se transformar num verdadeiro espaço de Aprendizagem.

Referências Bibliográficas

BIYNGTON, C. *O desenvolvimento da personalidade: símbolos e arquétipos*. São Paulo, Ática, 1987.

_____. O desenvolvimento simbólico da personalidade. *Rev. Junguiana*, nº 1, São Paulo, 1983a.

_____ . Uma teoria simbólica da história. *Rev. Junguiana*, nº 1, São Paulo, 1983b.

_____ *A construção amorosa do saber: o fundamento e a finalidade da pedagogia simbólica junguiana*. São Paulo: Religare, 2003.

CAMPBELL, J. *A imagem mítica*. Campinas: Papirus, 1994.

CAPRA, F. *O ponto de mutação*. São Paulo: Cultrix, 1986.

ECO, U. *O nome da rosa*. Rio de Janeiro: Difel, 1999.

FORDHAM, F. *Introdução à Psicologia de Jung*. São Paulo,: Verbo, 1978.

FURLANETTO, E. *Como nasce um professor? Uma reflexão sobre o processo de individuação e formação*, 2ª. ed. São Paulo: Paulus, 2004a.

_____. Formação contínua de professores: aspectos simbólicos. *Psicologia da Educação*. São Paulo, no. 19, 2º. sem., pp. 39-53, 2004b.

_____. Matrizes pedagógicas e formação de professores. *Cadernos*. São Paulo, vol.11, no. 3, julho - setembro, pp. 11-16, 2005a.

_____. Pesquisa em Educação: diálogos interdisciplinares. In (org.) FRIAÇA, A. (et al) *Educação e transdisciplinaridade III*. São Paulo: Triom, 2005b

JUNG, C.G. *Tipos psicológicos*. Rio de Janeiro: Zahar Editores, 1991.

_____. *A Natureza da Psique*. Petrópolis: Vozes, 1984.

_____. *Sincronicidade*. Petrópolis: Vozes, 1984.

_____. *O Desenvolvimento da Personalidade*. Petrópolis: Vozes, 1983a.

_____. *A Energia Psíquica*. Petrópolis, Vozes: 1983b.

_____. *Fundamentos da Psicologia Analítica*. Petrópolis: Vozes, 1983c.

_____. *O Eu e o Inconsciente*. Petrópolis, Vozes: 1978.

JUNG,C.G. & REICH, W. *O Segredo da Flor de Ouro*. Petrópolis, Vozes, 1983.

LARROSA BONDÍA, J. "Notas sobre a experiência e o saber da experiência". *Revista Brasileira de Educação*. nº 19, pp.20-28, 2002.

LIBÂNEO, J.C. *Democratização da Escola Pública*. São Paulo: Loyola, 1985.

LUDKE, M. & ANDRE, M. *Pesquisa em Educacão: Abordagens Qualitativas*. São Paulo: EPU, 1986.

NEUMANN, E. *The Child*. New York: C. P. Putman's Sons, 1973.

PIERI, P. F. (Org.} *Dicionário junguiano*. São Paulo: Paulos, 2000.

PRADO, A. *Cacos para um Vitral*. Rio de Janeiro: Nova Fronteira, 1980.

SILVEIRA, N. *Jung, vida e obra*. Rio de Janeiro: José Álvaro Editor, 1975.

ULSON, G. *O Método Junguiano*, São Paulo: Ática, 1988.

VON FRANZ, M.L. *Adivinhação e Sincronicidade*. São Paulo: Cultrix, 1985.

WILHELM, R. *I Ching: o livro das mutações*. São Paulo: Pensamento,1989

Leia também

Cidadania da Mulher Professora
Tânia Suely Antonelli Marcelino Brabo

Minha motivação para estudar o tema da mulher na educação não é recente e nem se deu apenas por estar atuando na educação.

Trata-se de uma reflexão que ocorreu a partir do momento que comecei a observar a vida das mulheres à minha volta e tomar consciência de que o fato de ser mulher implicava discriminação ou privação de direitos. Tentando entender e encontrar explicações para tal fato, minhas posturas críticas em relação à sociedade aumentaram.

Algum tempo depois percebi que as mudanças deveriam começar no âmbito familiar de cada mulher e, a partir de então, passei a ter nova atuação dentro da própria família. Era natural que isto viesse a ocorrer, pois se cada mulher tentasse refletir e se insubordinar contra os papéis que lhes eram delegados pela sociedade como um todo, as relações sociais começariam a mudar e com elas todo um processo de mudança de valores com vistas a uma sociedade mais justa.

Leia também

Dependências:
o homem à procura de si mesmo
Maria Paula Magalhães Tavares de Oliveira

Este livro contribui para a reflexão sobre um tema demasiadamente humano, de uma forma simples sem ser simplista, ao saber incorporar em justa medida a complexidade que lhe é inerente. Contribui, pois encolhe o olhar às dimensões da sociedade contemporânea, mitos e arquétipos. A autora mantém o foco no sofrimento que o ser humano experimenta quando submetido a diferentes situações de privação de liberdade. A prática clínica é sua principal referência e fio condutor para a reflexão. Uma clínica que reproduz, no encontro terapêutico, as tensões e ambigüidades presentes no fenômeno das dependências.

Leia também

Do mito do herói ao
herói do mito
Ayéres Brandão

"A formação dos professores não pode ser pensada de uma só vez, seu sentido é inesgotável, por certo, sempre necessitará ser compreendida e configurada de outras formas. As percepções que este trabalho permitiu-me ter, não me possibilitam concluir, mas ensaiar idéias de que existem muitas e variadas possibilidades dos professores conectarem com seus mitos pessoais.

Há projetos que disponibilizam espaços para essa conexão, apóiam a articulação do que fazer do professor com seu projeto de vida, favorecendo que ele se encontre com o esboço de um caminho que sem muita consciência vinha "cumprindo". Nos projetos com amplos espaços de formação e o percurso próprio de cada professor é respeitado, as possibilidades são ampliadas."

Leia também

O berço da
aprendizagem
Claudete Sargo

Claudete é psicopedagoga conhecida e experiente em lidar com crianças com dificuldades de aprendizagem. Neste livro ela nos brinda com um estudo, realizado para sua dissertação de mestrado, no qual procura articular a dinâmica relacional entre pais e filhos com o processo de aprendizagem. Através de cautelosa investigação, ela correlaciona complicações das relações parentais com dificuldades de aprendizagem dos filhos, utilizando os referenciais teóricos da Psicologia Analítica de Jung.

Sua leitura, fácil e agradável, nos transmite o conhecimento de referenciais básicos da Psicologia Analítica assim como nos estimula a refletir sobre a importância do comportamento dos pais, tão significativo para a estruturação da personalidade dos filhos.